27
L n 10396.

39 JOURS DE RÉCLUSION

DANS LES

PRISONS DE WILNA EN 1812.

PAR

Le docteur A. JOURDAIN

DE BAYEUX.

BAYEUX,

TYPOGRAPHIE DE SAINT-ANGE DUVANT.

—

1858.

épaisse, glacée ; par une température qui s'abaissait quelquefois jusqu'à trente degrés Réaumur ; sans vêtements d'hiver, sans abri, sans vivres ; marchant dans un désordre extrême, dans une confusion inexprimable, se trouvait en vue de Wilna, depuis longtemps objet de tous ses vœux. Wilna, ou la prévoyance de Napoléon avait accumulé des ressources immenses en vivres et en habillements. Wilna qui devait offrir des abris, du repos au milieu d'une population amie. Wilna enfin qui se présentait à nos soldats comme la terre promise et qui devait servir de tombeau à un si grand nombre de ces braves.

De mon côté j'arrivais de Polosk, capitale de la Russie blanche, où j'étais, en qualité de chirurgien, attaché à l'état-major du maréchal Oudinot. Par un hasard providentiel, j'avais rencontré à Antokol, faubourg de Wilna, un de mes compatriotes et ami le chirurgien-major Carpon, qui avait exercé pendant plusieurs années la médecine à Cormolain, où résidait sa famille. Chargé, depuis plusieurs mois, du service de l'hôpital St-Pierre à Antokol, où il habitait, ce compatriote auquel, quelque temps auparavant, j'avais donné des soins pour une fièvre qu'il avait faite à Berlin, m'accueillit avec les démonstrations de la plus vive amitié, il me conduisit chez lui, où nous trouvâmes son chef le chirurgien principal des hôpitaux de Wilna, qui était venu pour inspecter l'hôpital St-Pierre. Carpon me présenta au Principal, en le priant de me retenir à Antokol pour l'aider dans son service. Celui-ci objecta les instructions qu'il avait reçues, qui ne lui permettaient pas de distraire aucun officier de santé de son corps. Mais sur l'observation qui lui fut faite que l'état déplorable de ma santé réclamait des soins et du repos, il consentit à m'attacher à l'hôpital St-Pierre jusqu'à mon entier rétablissement. Je remerciai beaucoup mon compatriote de son attention, tout en sachant fort bien le prix d'une telle faveur dans un pareil moment.

Avant de nous quitter, le Principal me demanda des nouvelles de l'armée, car, chose étrange, les habitants de Wilna ignoraient encore et nos désastres et notre retour, la veille même du jour ou nous devions rentrer dans leurs murs.

Je leur appris l'incendie de Moscou, la retraite de notre armée, les souffrances inouïes qu'elle avait endurées, les pertes immenses qu'elle avait faite en hommes et en matériel. Je leur dépeignis nos malheureux soldats pâles, amaigris, exténués, portant sur leurs uniformes les vêtements les plus grotesques, marchant désarmés, sans ordre, sans rang. Enfin, ajoutai-je, demain vous les verrez rentrer dans Wilna et vous pourrez juger par vous-même l'étendue de nos malheurs.

Surpris, ébahis, mes deux auditeurs se regardaient entr'eux, comme s'ils eussent pensé que la peur ou la souffrance avait dérangé ma raison. Le principal s'approcha de moi, m'adressa quelques paroles bienveillantes pour me rassurer, nous fit ses adieux et se retira avec l'air de la plus complète incrédulité. Heureux effet de la confiance que ces hommes avaient dans la prospérité qui pour eux, ne s'était pas démentie un seul jour.

Carpon fit servir et je me trouvai assis près d'un bon feu, devant un dîner confortable avec l'espoir de reposer dans un lit, toutes douceurs, que je ne connaissais plus déjà depuis longtemps, Pendant le repas mon compatriote m'apprit qu'il avait à sa disposition une voiture et deux chevaux, que le propriétaire de sa maison avait abandonnés pour suivre les russes ; demain, ajouta-t-il, de grand matin, j'irai à Wilna et si les tristes nouvelles que vous nous avez données me sont confirmées, de suite nous partirons ensemble pour Kowno.

En effet le lendemain, de grand matin, Carpon se rendit à Wilna. Les habitants étaient dans la plus grande consternation, nos soldats avaient pillé les magasins et plusieurs maisons particulières, les boutiques étaient fermées et l'on y était dans l'attente des Russes. Au premier récit de ces affligeantes nouvelles, mon compatriote revint en toute hâte chez lui, ne doutant plus de la réalité d'un immense désastre.

II.

Pour moi je goûtais les douceurs d'un sommeil tranquille et réparateur, lorsque je fus réveillé en sursaut par un coup de canon. Je sautai à bas de mon lit. Comme j'étais en train de me vêtir, la porte de ma chambre s'ouvrit précipitamment et Carpon en proie à la plus vive frayeur, s'écria avec l'accent du désespoir : Mon ami, nous sommes perdus, voilà les Cosaques, je les ai vus, vus comme je vous vois. Je cherchai d'abord à rassurer mon compatriote, moi qui étais déjà familiarisé avec ces sortes d'alertes ; mais le canon et la fusillade qui se faisaient entendre et qui se rapprochaient de nous, me dirent assez que nous n'avions pas une minute à perdre.

Nous descendîmes précipitamment l'escalier, traversâmes la petite cour de devant la maison et entrouvrant prudemment la porte qui donnait sur la rue, nous saisîmes le moment où celle-ci se trouvait libre pour la traverser rapidement et nous rendre à l'hôpital St-Pierre, qui se trouvait directement en face l'habitation de Carpon. Parvenus à la salle de garde, nous y trouvâmes déjà réunis une trentaine d'officiers de tout rang et de toutes armes, qui accablés de fatigues et de misères, venaient y chercher un refuge et quelque soulagement à leurs souffrances.

Carpon pour venir au secours de ces malheureux et ne pas laisser les provisions de l'hôpital devenir la proie de nos ennemis, fit apporter tout ce qui s'y trouvait en pain, viande, vin et sucre. Ces pauvres affamés se jetèrent sur le pain qu'ils dévorèrent sans attendre que la viande fut préparée. Nous profitâmes de ce moment Carpon et moi pour emplir nos poches de biscuit qu'il nous fallut bientôt cacher dans nos pantalons afin de le soustraire au pillage des Russes. C'est assurément à cette heureuse prévoyance que nous dûmes la conservation de notre existence. Nous fîmes du vin chaud dans de grandes bouteilles qu'on se passait à la ronde et chacun savourait ce mets délicieux, le meilleur et le plus confortable repas qu'il eût fait depuis son départ de Moscou ; il ne manquait plus à ces braves que quelques heures de repos pour compléter leur bonheur, mais le moment était peu propice et les Russes devaient nécessairement attirer notre attention.

En portant nos regards par une fenêtre de notre chambre, qui donnait sur le cimetière, à l'extrémité duquel se trouvait une barrière ouvrant sur une place spacieuse, nous aperçûmes un officier de Cosaques à cheval au milieu d'un grand nombre de soldats, auxquels il semblait donner des ordres. Fuir était impossible, il était trop tard, dès lors tout espoir de leur échapper était perdu pour nous et nous ne pouvions tarder à tomber dans leurs mains ; quel parti devions-nous prendre ? Etait-il plus prudent d'aller au-devant de nos ennemis, que de les attendre dans la salle de garde ? Cette question longtemps controversée, donna lieu à de vifs et chaleureux débats. Enfin nous résolûmes de temporiser.

Désertines, jeune pharmacien major, d'un caractère violent, emporté, échauffé peut-être par le vin et le schnaps que chacun avait pu boire à discrétion, voyant qu'on avait rejeté la proposition qu'il avait faite d'aller trouver les Cosaques et de leur offrir du vin chaud, s'emporta contre nous ; nous reprocha ce qu'il appelait notre faiblesse, notre pusillanimité. Moi, s'écria-t-il avec feu, je n'ai pas peur des Cosaques et je vais de ce pas leur parler. Aussitôt il s'empare avec vivacité d'une des bouteilles dans laquelle il restait encore du vin, s'élance dans l'escalier, traverse rapidement le cimetière et appelle les Cosaques en leur montrant la bouteille qu'il leur destinait. Emus de cette scène inattendue, nous suivions avec anxiété ses pas, lorsqu'un coup de feu parti de la place vint atteindre le malheureux Désertines qui se rejeta vivement en arrière, chancela et tomba pour ne plus se relever. Nous poussâmes un cri d'horreur en nous retirant de la fenêtre et nous vîmes dans la fin déplorable de Désertines le sort qui nous était réservé.

Mornes, abattus, nous étions plongés dans le silence et la consternation, lorsque la voix d'un officier supérieur, qui se trouvait parmi nous, vint tout-à-coup changer les dispositions de notre esprit et relever notre courage. Messieurs, s'écria-t-il, vous voyez comme ces barbares traitent leurs ennemis désarmés ; c'est assez vous dire que nous n'avons rien à attendre de leur humanité. Nous laisserons-nous égorger sans défense par ces misérables ? Retirons-nous à l'extrémité de cette salle, je me mettrai à votre tête avec ceux qui, comme moi, ont conservé des armes, les autres s'armeront de tout ce qui se trouvera sous leur main. Lorsqu'ils se présenteront soyons fermes, impassibles, sans provocations, mais sans faiblesse. S'ils respectent notre vie, rendons-nous volontairement, il serait insensé de vouloir nous défendre. Mais au premier coup porté à l'un de nous, saisissons nos armes, fondons sur eux et vendons-leur chèrement notre vie.

Ces paroles prononcées d'une voix calme et pénétrée, d'un ton digne et ferme, nous électrisèrent : notre courage un instant abattu par la triste fin de Désertines, se ranima tout-à-coup à ce langage héroïque d'un homme qui conservait encore une si mâle intrépidité, dans un corps épuisé par les privations et la souffrance. A peine ce courageux commandant avait-il terminé ses instructions, écoutées avec un religieux silence et accueillies par une approbation unanime, qu'une voix s'écria : les Cosaques, voici les Cosaques !

Nous les vîmes en effet entrer dans le cimetière, et se diriger vers nous le pistolet d'une main et le sabre de l'autre. Mes amis, s'écria le Commandant, en place ; du calme et surtout du courage.

III.

A peine avaient-ils pénétré dans l'hôpital, que des cris de détresse arrivèrent jusqu'à nous et nous donnèrent à penser qu'ils achevaient quelques pauvres moribonds trop faibles pour se soustraire à leur cruauté; bientôt le choc de leurs sabres sur les marches de notre escalier, nous annonça leur arrivée. Ce fut pour nous comme une commotion électrique et, à cet instant suprême, nous nous serrâmes les uns contre les autres.

Tout-à-coup notre porte s'ouvre avec fracas, un grand Cosaque du Don, suivi de quinze à vingt autres paraît, puis s'arrête soudain sur le seuil, en nous contemplant d'un air stupéfait et où perçait néanmoins un sentiment de crainte en présence d'une trentaine d'hommes armés, calmes, immobiles et qui semblaient les attendre de pied ferme. *Chelma* (galériens) *Canaille, Brûlir Moskow,* s'écrie-t-il avec force en brandissant son sabre. Voyant que nous restions muets, impassibles à leurs provocations et à leurs injures, ils s'enhardirent, s'approchèrent lentement, avec précaution, nous entourèrent en nous épiant avec soin et insensiblement nous, nous trouvâmes à leur merci.

Un de ces colosses me saisit au collet et, me poussant avec violence, me posa son pistolet sur la poitrine en me disant : *Chelma, brûlir Moskow, piniontzi, piniontzi*. Je ne comprenais point et peut-être aurais-je été victime de mon silence, si l'un de nous ne s'était écrié : Messieurs c'est de l'argent qu'on nous demande. Alors je conduisis le Cosaque près d'une fenêtre d'où l'on apercevait l'habitation de Carpon et je fus assez heureux pour lui faire comprendre que là se trouvait mon argent et tout ce que je possédais ; il me quitta en toute hâte, et s'il suivit l'indication que je lui avais donnée, il dut faire un immense butin dans cette maison qui renfermait le dépôt de deux régiments de carabiniers. Ainsi je me trouvai débarrassé de ma nouvelle et dangereuse connaissance.

Au reste, il faut le dire, malgré nos trop justes appréhensions, soit par la crainte que nous leur inspirions encore, soit par ordre de leur chef, ils n'exercèrent alors sur nous aucuns mauvais traitements, et ne demandèrent pas même les armes à ceux qui les avaient conservées ; ils se bornèrent à exiger tous les objets que nous possédions en or et en argent et à fureter dans toutes les parties de la salle, pour s'assurer si nous n'avions pas dérobé à leurs regards et à leur cupidité quelques objets précieux.

A peine avaient-ils terminé leur minutieuse perquisition, qu'un de leurs chefs se présenta à notre porte et s'écria : *Frantchous, marchir, marchir*. Nous descendîmes devant eux, traversâmes le cimetière et passant près du corps du malheureux Désertines, nous arrivâmes sur la place où se trouvait leur commandant à cheval au milieu d'eux.

Un de nous s'était chargé d'une de ces grandes bouteilles qui contenait encore du vin chaud ; il la présenta à l'officier russe qui, la regardant avec défiance, nous fit signe à plusieurs d'en goûter avant lui, après quoi il en but à longs traits et abandonna le reste à ses soldats.

IV.

Le canon grondait à quelques pas de nous, la fusillade était incessante ; les Cosaques au milieu desquels nous nous trouvions, bien vêtus, bien nourris, donnaient la chasse à nos malheureux soldats, désarmés, mourant de froid, de faim, de fatigues et de misères, et qui n'attendant ni grâce, ni merci de leurs féroces ennemis, s'étaient répandus dans les forêts et les montagnes qui nous entouraient, afin de chercher des vivres et un abri pour se soustraire à leurs recherches et à leurs cruautés.

De la place où nous étions, nous pûmes voir plusieurs des nôtres tomber sous les balles de ces monstres, auxquels ils voulaient se rendre et dont ils avaient vainement imploré la pitié.

Pour nous, nous attendions dans un morne silence le sort qui nous était réservé. Allait-on nous passer par les armes? Nous conduire à Wilna, ou nous en éloigner? Ce dernier parti que nous redoutions fut celui qu'adopta l'officier russe. Il nous fit signe de rendre nos armes et donna l'ordre de nous conduire à l'extrémité du faubourg. Au même instant les cris de *pacho, pacho*, (vite, vite) *marchir*, se firent entendre, et quelques Cosaques à cheval et un plus grand nombre à pied furent chargés de veiller sur nous.

Nous cheminions rapidement, pressés par notre escorte qui frappait impitoyablement de ses lances les retardataires, lorsqu'à quelque distance nous aperçûmes, sur la grand'route, un groupe d'officiers russes autour d'une flamme immense, qui provenait de la combustion d'arbres entiers de sapin.

Arrivés près d'eux un jeune aide-de-camp donna l'ordre à notre escorte d'arrêter et s'adressant à nous : messieurs les officiers, vous avez l'honneur de vous trouver devant son Excellence le général Platow, hettman des Cosaques, etc., etc. Nous nous inclinâmes et quelques-uns allaient se découvrir, lorsque le général fit signe de garder nos chapeaux. — Savez-vous si la Garde impériale est entrée à Wilna? ajouta cet officier. — Elle y entre en ce moment. A ces mots l'aide-de-camp se retourna vers son général auquel il adressa quelques mots en russe. — La Garde est-elle encore nombreuse ? Sur notre réponse affirmative. — Peu importe, ajouta-t-il, après un instant de réflexion, le général l'a décidé, nous entrerons demain. — Adieu, messieurs, son Excellence vous remercie.

Nous continuâmes notre route jusqu'à la dernière habitation d'Antokol. C'était une petite maison isolée, construite en bois, sale, puante, dans laquelle on nous entassa et qui servait d'abri à une nombreuse famille juive, que les Russes en avaient expulsée, pour y établir momentanément quelques-uns de leurs nombreux prisonniers.

Dans cette chaumière située à quelques pas seulement de la grande route de Wilna, nous fûmes témoins, pendant les quarante-huit heures que nous y séjournâmes, de l'arrivée d'une grande partie de l'armée russe, qui devait entrer sans coup férir dans cette capitale de la Lithuanie.

Livrés à la merci des Cosaques, je renonce à décrire tout ce que nous eûmes à souffrir dans cette maison, où ni jour, ni nuit nous ne pûmes goûter un seul instant de repos. En butte sans cesse aux injures, à la brutalité des soldats russes, qui se succédaient sans interruption, qui nous pillaient et nous dépouillaient des quelques haillons que d'autres nous avaient abandonnés et dont nous étions à peine couverts, affamés, grelottants dans cette salle constamment ouverte pour livrer passage à nos bourreaux, notre position était devenue intolérable.

Le second jour de notre arrivée, l'un de nous en cherchant dans un tas de charrée, placé dans l'angle extérieur de la cheminée, découvrit une assez grande quantité d'épluchures et de trognons de choux. Ce fut pour tous une bonne fortune. Nous nous empressâmes de les faire cuire dans de l'eau de neige et sans autre assaisonnement que la faim qui nous pressait, ce mets peu savoureux fut distribué à la ronde dans une cuillère de bois et chacun regrettait seulement que la ration ne fût pas plus copieuse.

V.

Le lendemain matin, une crainte d'un autre genre vint nous assaillir. Un de nos officiers, en regardant par la fenêtre, aperçut les Cosaques occupés à entasser de la paille autour de notre maison de bois. L'intention était manifeste, nous ne pouvions nous y méprendre. Cependant nous nous adressâmes au sous-officier chargé de notre garde pour obtenir de lui quelques explications. Sa réponse fut nette et claire : *Frantchous Brûlir Moskow, Brûlir Frantchous.*

A ces mots prononcés d'un ton de colère et de menace, notre indignation fut à son comble. Tout le monde se leva subitement et sans délibérer, sans nous entendre, nous jurâmes de nous faire hacher jusqu'au dernier, plutôt que de périr dans les flammes. Debout, frémissants, nous attendîmes avec résolution l'effet de la menace.

Notre malheureux et intrépide commandant, dévoré de fièvre, les traits décomposés, réclamait encore l'honneur de se placer à notre tête quand il ne lui était déjà plus possible de soutenir une arme de sa main défaillante et qu'il ne lui restait que quelques heures à vivre.

Le juif propriétaire de la maison, las d'implorer la pitié des Cosaques, se jeta aux pieds du sous-officier pour le prier de conserver l'habitation de sa nombreuse famille ; mais ses supplications, ses larmes même, n'avaient pu toucher le cœur de ce barbare. Il se livrait donc au plus violent désespoir qu'il exprimait par ses pleurs et par ses cris, lorsqu'une voiture escortée de plusieurs cavaliers se présenta sur la route. Au même instant le juif s'élança vers les voyageurs, s'inclina profondément et s'écria de toutes ses forces : grâce, grâce pour un grand nombre d'officiers français qu'on va brûler à l'instant. La voiture s'arrêta aussitôt, et un domestique en ouvrit la portière. Après quelques mots échangés entre le voyageur et le juif, nous en vîmes descendre lentement un vieillard à cheveux blancs, d'une figure vénérable, grand, vouté, d'une pâleur maladive ; il fit péniblement quelques pas vers nous et demanda le chef des Cosaques, qui tous étaient restés immobiles à l'aspect du vieillard. Le sous-officier se présenta à distance, le général, car c'était un général russe, lui ordonna d'approcher davantage, et après lui avoir adressé quelques paroles, qui nous parurent exprimer la colère et l'indignation, quel ne fut pas notre étonnement en voyant cet homme si faible, si souffreteux en apparence, s'élancer tout-à-coup sur le sous-officier, le frapper impitoyablement et sans relâche, lui cracher au visage, sans que le patient fît un pas, un geste pour se soustraire aux coups qui lui étaient portés et sans oser même, en présence de son général, faire disparaître la souillure dont sa face était couverte.

Pendant cette scène d'emportement et de violence, un officier russe était descendu de la voiture du général dont il cherchait à appaiser la colère, et avait adressé quelques mots aux Cosaques, qui s'empressèrent aussitôt d'enlever la paille qu'ils avaient amoncelée autour de nous.

Le juif, qui leur était venu en aide, vint dans le transport de sa joie, nous annoncer à travers la fenêtre, que grâce à son intercession, nous ne serions pas brûlés ; mais comme on va le voir par la suite de ce récit, le misérable, en agissant ainsi, avait obéi bien plus à un sentiment d'égoïsme, qu'à un sentiment d'humanité.

Le général haletant, épuisé de tant d'efforts, était demeuré sur la route, et nous craignions de le voir s'éloigner sans qu'il nous fût possible d'exprimer à notre généreux libérateur tous les sentiments de gratitude dont nous étions pénétrés, lorsque nous le vîmes s'emparer du bras de son compagnon de voyage et se diriger vers notre maison dont il se fit ouvrir la porte. Messieurs les officiers, nous dit-il, je ne vous donnerai pas l'explication de la scène dont vous venez d'être témoins, j'en rougirais pour mon pays. Je vous dirai seulement que j'ordonne à ce sous-officier de vous conduire de suite à Wilna, et s'il souffre, dans le trajet, que quelqu'un vous maltraite, vous insulte seulement, je suis le général *de Lougni*, aide-de-camp de S. M. l'empereur Alexandre, faites-le-moi savoir à Wilna, et je le ferai punir sévèrement, puis se retournant vers le sous-officier qu'il semblait menacer encore et auquel il adressa quelques paroles d'un ton sévère, il s'éloigna en nous faisant ses adieux. Nous remerciâmes mille fois ce brave et digne général qui venait de nous arracher à la mort affreuse qui nous était préparée et dont l'humanité contrastait si étrangement au milieu de tant de barbarie.

Quelques instants après son départ, notre sous-officier nous invita à sortir pour nous conduire à Wilna. Sa douceur et sa politesse nous dirent assez qu'il n'oublierait point la sévère leçon qu'il avait reçue, et que nous n'avions plus rien à craindre de sa brutalité.

Un seul regret nous agitait en quittant ce séjour de douleur, c'était l'abandon que nous dûmes faire de notre brave et malheureux commandant, que sa faiblesse extrême avait réduit à l'impossibilité de nous suivre. Nous le recommandâmes, en partant, à l'humanité, à la pitié du juif et de sa famille. Plus tard j'ai appris que ce vaillant homme avait rendu le dernier soupir à la porte de leur maison, où ces monstres l'avaient impitoyablement jeté, le soir même du jour de notre départ.

VI.

Avant d'arriver à Wilna, il nous fallait parcourir la longue et large rue d'Antokol, faubourg considérable et assez éloigné de cette capitale. Le palais Sapieha, les serres immenses qui en dépendent, les couvents, les églises et toutes les maisons particulières étaient encombrés de soldats russes. De chaque côté de la rue, les Cosaques réguliers de la garde impériale étaient occupés à panser leurs chevaux, et nous dûmes passer au milieu d'eux.

C'est dans ce trajet que nous avons vu tout ce que l'incendie de *Moscou-la-Sainte* avait fait naître de haine et d'indignation contre nous, dans le cœur de ces hordes demi-sauvages. Ce que nous eûmes à endurer avant d'arriver à la porte de Wilna, ne saurait se dire. Huées, injures, menaces, voies de fait nous furent prodiguées tant que dura cette marche longue et périlleuse, et s'ils n'avaient été retenus par la présence de leurs chefs, ces fanatiques, dont la fureur redoublait au seul nom de *Moscou*, nous eussent impitoyablement mis en pièces.

Cependant au milieu de tant d'avanies, notre sous-officier, fidèle à la consigne qu'il avait reçue, faisait tous ses efforts pour nous protéger, et grâce au nom de notre digne et généreux sauveur, le général *de Lougni*, qu'il présentait sans cesse à nos assaillants pour les contenir, peut-être fûmes nous, parmi cette foule immense de prisonniers qui vinrent se joindre à nous, ceux qui eurent le moins à souffrir des violences et des outrages de cette soldatesque effrénée.

Enfin, nous arrivâmes à la porte de Wilna qui, dans ce moment, livrait passage à une partie de l'armée russe.

Ceux qui ont avancé que cette armée avait été aussi rudement éprouvée que la nôtre, pendant la retraite de *Moscou*, n'ont point été témoins comme nous de son entrée dans la capitale de la Lithuanie. La cavalerie était parfaitement montée et équipée, et l'infanterie composée d'hommes forts et robustes, tous couverts d'uniformes appropriés à la rigueur de leur climat, avaient conservé leurs armes et marchaient dans un ordre admirable, contraste bien frappant avec le triste spectacle que nous avions eu sous les yeux quelques jours auparavant.

Réunis par milliers sur la place immense du château, il nous fallut attendre trois à quatre heures, par un froid horrible et un vent glacial, que le dernier homme de l'armée russe fût entré dans la ville avant d'y pénétrer nous-mêmes. Les Cosaques à cheval de la garde, en passant près de nous, frappaient du bois et quelquefois du fer de leurs lances, les malheureux prisonniers qu'ils pouvaient atteindre. D'autres Cosaques à pied pénétraient dans nos masses en cherchant si parmi les haillons, dont nous étions à peine couverts, ils ne trouveraient pas encore quelque objet à leur convenance.

Quant à moi, je n'avais guère à redouter la convoitise de ces pillards. Mon accoutrement était assez modeste pour ne point tenter le dernier goujat de l'armée. Après avoir été travesti de vingt façons différentes, ces hommes qui regorgeaient de butin, m'avaient enfin laissé un vieux et sale bonnet de peau de chien dont la queue me tombait sur le dos ; une fourrure demi brûlée qui m'entourait le cou ; un habit rouge du deuxième régiment suisse, sur lequel j'avais affourché en guise de châle, et plié en plusieurs doubles, un grand et vieux morceau de serge en lambeaux, et qui pourtant me fut si utile pour abriter ma poitrine et préserver mes mains de la congélation ; des souliers d'une telle dimension, que chacun eût pu contenir mes deux pieds et que je traînais plutôt que je ne portais, mais parfaitement garnis d'une laine longue et épaisse, à laquelle je dois très-certainement la conservation de mes pieds. Un Cosaque m'avait abandonné cette précieuse chaussure, en me dépouillant en retour de bottes à revers que je portais ; si l'on ajoute mon pantalon de Mameluck que, dans la maison du juif, j'avais maculé de toutes parts avec de la suie détrempée, pour le conserver et qui me fut d'un si grand secours pour soustraire aux regards envieux le peu d'aliments que je pus me procurer pendant ma réclusion, on aura une idée de mon étrange accoutrement.

VII.

Après cette longue et pénible attente, nous quittâmes ce lieu de souffrance et de désolation, véritable champ de bataille, ou un si granp nombre des nôtres, épuisés déjà par tant et de si horribles misères, trouvèrent la fin de tous leurs maux, et nous entrâmes enfin à Wilna à la suite de l'armée russe.

Le nombre des prisonniers s'était accru à tel point, que la grande rue du château et les rues adjacentes en étaient littéralement encombrées.

Jamais peut-être spectacle plus navrant ne s'offrit aux regards. Cette foule immense de soldats naguère encore couverts de brillants uniformes et d'armes étincelantes, heureux et fiers de leurs valeureux exploits et de la gloire de leur chef, sous lequel ils n'avaient connu que des succès, sans jamais supçonner un revers, qui marchaient d'un pas ferme, la tête haute et dont l'air martial respirait l'audace et le courage ; maintenant pâles, hâves, décharnés, le regard triste et abattu, la barbe inculte, les cheveux en désordre, couverts de lambeaux de vêtements d'homme et de femme de mille couleurs diverses, usés, salis, troués, de haillons fangeux qu'ils devaient moins à la pitié qu'à l'abandon qu'en avaient fait les Russes, surchargés de butin ; paraissant étrangers à tout ce qui les entourait, suivant machinalement et d'un pas mal assuré ceux qui les précédaient, jonchant la route qu'ils parcouraient de leurs corps exténués ; ces braves étaient tombés dans les mains de barbares qui exerçaient sur eux toutes les cruautés qu'inspirent le fanatisme, la haine et la vengeance ; et pourtaut ils n'avaient point été vaincus par leurs insolents ennemis, qui ne durent leur succès qu'à l'inclémence du ciel sous ce climat destructeur.

Nous suivîmes cette foule qui se traînait lentement, péniblement, jusqu'à l'hôtel du commandant d' place, où nous attendîmes encore une mortelle heure avant de connaître le lieu de notre destination.

Carpon et moi, qui tenions à peu près la tête de la colonne, nous fûmes conduits au couvent des Dominicains, bâtiment immense situé directement en face de l'hôtel-de-ville.

Combien de prisonniers furent entassés dans ce vaste tombeau ? je ne saurais le dire. Ce qui est certain, c'est que les Cosaques se servirent de leurs lances pour en forcer un grand nombre à se faire faire place dans les bâtiments et les cours, lorsqu'il était déjà presqu'impossible d'y pénétrer, et que les soldats préposés à notre garde ne refermèrent qu'avec peine la porte que tant de ces malheureux ne devaient plus franchir. Heureusement, mon compatriote et moi, nous avions gravi des premiers le grand escalier du couvent, et poussés par la foule jusqu'au deuxième étage, nous étions entrés dans une petite chambre précédée de deux autres plus spacieuses, dans laquelle nous nous installâmes avec plusieurs officiers.

Brisés de fatigue et d'émotion, souffrant de froid, de faim, nous nous laissâmes tomber sur le plancher pour goûter quelques repos ; mais l'espace était si étroit et nous étions tellement pressés les uns contre les autres, que nous ne pûmes nous étendre et qu'il fallut nous contenter de nous asseoir dos à dos.

La nuit du 11 au 12 décembre qui suivit cette triste journée, fut une des plus froides de cette terrible année. Aussi nos souffrances furent extrêmes ; tous les malheureux prisonniers qui n'avaient pu trouver place dans l'intérieur du couvent et qui avaient été entassés dans les cours, succombèrent dans cette nuit fatale, sans que de notre chambre dont la fenêtre donnait sur la plus grande de ces cours, nous eussions entendu le moindre cri, le plus léger murmure.

A peine le jour avait-il paru, que chacun de nous voulut être témoin de ce spectacle lamentable, qui nous fit un instant oublier nos propres misères, pour donner quelques regrets à nos compagnons d'infortune et pour maudire tout haut la cruauté de nos impitoyables ennemis. Nous apprîmes aussi que parmi le grand nombre de ceux qui étaient entassés dans les combles du couvent, plusieurs avaient eu des membres atteints par la congélation.

Pour moi, je dus quelque soulagement à la présence d'un chien barbet qui, malgré toutes les bourrades qu'il avait reçues, n'avait cessé de suivre son maître, et pendant les deux nuits que je passai dans cette prison, se coucha à mes pieds, où il entretint une douce et bienfaisante chaleur.

Dès le matin, nous attendîmes avec une vive anxiété le moment ou quelque distribution nous serait faite. Le morne silence qui régnait parmi nous, nous permettait de prêter l'oreille au moindre mot, au plus léger bruit qui nous annoncerait la présence des Russes. Vain espoir, la journée se passa comme les deux premières, sans aucun indice d'amélioration à notre sort. Le soir, on n'entendait de toutes parts que plaintes et gémissements. Heureusement une neige abondante qui était tombée sans interruption, avait sensiblement adouci la température et calmé une de nos plus vives souffrances. Les malheureux prisonniers qui, la nuit dernière, avaient succombé dans la cour, en étaient recouverts, et leurs corps qui se présentaient en relief, simulaient un vaste cimetière.

Le jour suivant, une seule pensée agitait notre prison : du pain, du pain, s'écriait-on de toutes parts. Lassés de souffrir, les hommes les plus calmes s'irritaient, les têtes se montaient, la colère devenait de la fureur. Mille imprécations étaient proférées contre nos bourreaux. On parlait de se révolter, d'incendier le couvent, d'égorger notre garde et de s'emparer de ses armes ; en un mot de tout ce qui peut entrer dans l'imagination d'hommes en délire, ou exaltés par le désespoir ou la souffrance.

Pour mettre le comble à tant de maux, les soldats des autres nations que nous avions entraînés dans cette fatale guerre, commençaient à murmurer contre nous, français, qui, disaient-ils, étions cause de leurs malheurs. Ainsi ce n'était pas assez d'être en bute à la haine, à la fureur des Russes, il nous fallait encore subir les outrages et les violences de nos alliés, qui devinrent nos plus cruels ennemis. Combien des nôtres ont succombé sous les coups de ces lâches sicaires, qui plus nombreux que nous, frappaient sans pitié des hommes faibles, isolés, sans défense, pour aller près des Russes mendier le prix de leurs haines et de leurs assassinats.

Notre chambrée composée d'officiers français, polonais et d'un capitaine italien, qui ne craignit pas de s'exposer aux poignards de ses compatriotes, en s'opposant à leurs provocations, était bien décidée à repousser par la force les attaques de nos lâches agresseurs. Mais notre position devenait de plus en plus intenable et il fallait en sortir à tout prix. Que faire? Que résoudre? Enfin après d'assez longs débats, il fut décidé qu'un de nous serait chargé d'aller près des Russes s'informer si nous n'avions point été mis en oubli par ceux qui étaient chargés des distributions, ou bien réclamer d'eux quelques secours dont nous avions un si pressant besoin. Aucun de nous ne se dissimulait les dangers attachés à une pareille mission et personne néanmoins ne déclina l'honneur de se dévouer pour le salut commun. Le sort m'ayant désigné, je ne balançai pas un instant. J'embrassai mon ami, mon compatriote Carpon dont je me séparais avec regret, je pressai la main de mes voisins et je partis aussitôt.

Quelque peu rassuré par l'habit suisse que je portais, je me présentai à la porte des deux chambres qui précédaient la nôtre : Messieurs, m'écriai-je assez haut pour être entendu de tous, permettez-moi de passer pour aller chez les Russes réclamer une distribution de pain. A ces mots un murmure d'approbation se fit entendre, leurs rangs s'ouvrirent et j'arrivai dans le corridor. Là, je vis une masse d'hommes, les uns assis, les autres debout, qui parlaient entr'eux avec feu, avec animation, j'élevai la voix pour faire connaître la mission dont j'étais chargé ; après m'avoir observé, interrogé, on finissait par me livrer le passage. Enfin après des difficultés que je pus vaincre cependant, après avoir répété vingt fois que j'allais réclamer près des Russes une distribution de pain, je parvins à l'extrémité de ce long et interminable corridor.

Au moment ou j'allais changer de direction un factionnaire russe s'avança vers moi en me présentant la baïonnette. *Offitcir*, me demandat-il. — *Offitcir*, répondis-je. Alors me montrant de l'œil la direction que je devais suivre, il me conduisit vers un groupe de prisonniers qu'entouraient un officier et des soldats russes. Je m'informai du but de cette réunion et j'appris qu'il s'agissait de transférer les officiers dans des prisons distinctes où ils recevraient à leur arrivée une distribution de vivres et des vêtementt d'hiver. Ah ! combien je regrettai, à cette heureuse nouvelle, de ne pouvoir prévenir mon compatriote Carpon ; je ne pouvais appeler, ma voix ne serait point arrivée jusqu'à lui. Je m'adressai à l'officier russe pour lui indiquer d'autres officiers qui se trouvaient dans une chambre peu éloignée. Le nombre est complet, me répondit-il, je n'en admettrai pas davantage. Il fallut donc me séparer du seul homme dont je pouvais attendre, sinon des secours, au moins des soins et des consolations.

Nous partimes au nombre de soixante-dix environ, nous traversâmes les rues de Wilna, où notre bizarre accoutrement excita l'hilarité des soldats russes et la commisération de quelques dignes polonais, et nous arrivâmes à notre nouvelle prison, heureux de penser que nous allions enfin trouver quelque adoucissement à tant de misères, dont la mesure pourtant était loin d'être comble.

VIII.

C'était une maison d'assez mince apparence, située dans une rue peu fréquentée d'un des faubourgs de Wilna. Nous gravîmes un escalier étroit qui nous conduisit à un premier étage, dans deux chambres assez exigües, séparées par une cloison à demi détruite et pavée d'une pierre dure et froide, seul lit de repos qui nous fût destiné ; dans la partie de cloison qui subsistait encore, se trouvait un poële disposé pour chauffer les deux pièces, et qui provoqua souvent nos désirs, sans jamais les réaliser. Un caporal et quatre hommes de la ligne furent chargés de notre garde, avec la consigne de ne point nous laisser sortir sans ordre ; nous pouvions seulement, en montant quelques degrés, disposer d'une petite plate-forme entourée d'une balustrade.

Notre premier soin fut de nous compter, notre nombre s'élevait à soixante-dix-sept, et de savoir s'il nous serait possible de nous étendre tous sur un si petit espace. Comme quelques-uns s'étaient déjà emparés des places à leur convenance, nous décidâmes de nommer un chef de chambrée, auquel chacun de nous promit obéissance passive. Ce fut le plus avancé en âge, un colonel hollandais qui fut choisi. Ce malheureux, gravement malade, se soutenant à peine et qui d'ailleurs s'exprimait difficilement en français, déclina l'honneur que, disait-il, nous voulions lui faire, en s'excusant sur l'état déplorable de sa santé ; nous lui adjoignîmes donc d'une voix unanime un lieutenant-colonel, officier de la légion-d'honneur et commandant du bataillon du Danube. C'était encore, malgré l'altération de ses traits, un beau vieillard, froid, calme, plein de dignité, s'exprimant avec facilité et qui ne tarda pas à inspirer à tous le respect et la confiance. Il fit placer les malades et les plus âgés, sans distinction de rang, le long des murs, et les plus jeunes, au nombre desquels je me trouvais, se rangèrent au centre des deux chambres. Nous pûmes facilement nous étendre, mais nous étions tellement pressés les uns contre les autres, que nos places se trouvaient envahies aussitôt que nous nous tournions sur le côté. Cet inconvénient était d'autant plus grand, que le pavé dur et froid sur lequel nous reposions nous forçait à un mouvement perpétuel, qui nous fatiguait beaucoup, incommodait nos voisins et donnait lieu fréquemment à des discussions pénibles.

Un commissaire des guerres fut chargé de faire un règlement que plusieurs fois il répéta de vive voix à la chambrée, et auquel on se soumit sans murmurer. Un seul article ne reçut jamais d'exécution, c'était celui qui nous obligeait à mettre en commun les vivres et l'argent que nous avions pu soustraire à la rapacité des Russes.

Au milieu de ces préliminaires, une seule idée nous préoccupait tous ; depuis notre arrivée dans cette nouvelle demeure, nos regards étaient sans cesse fixés sur la porte, espérant toujours qu'elle allait s'ouvrir pour livrer passage à des Russes chargés de nous distribuer des vivres, mais les minutes, les heures s'écoulaient et nous ne voyons rien paraître, sinon la nuit qui vint nous dire qu'il fallait nous résigner à attendre et à souffrir encore. Notre porte resta close. Nous étions d'autant plus désappointés, qu'on nous avait promis quelque adoucissement à notre captivité.

Le lendemain matin nous nous demandâmes si la journée se passerait encore sans obtenir quelques secours des Russes ? Si nous étions décidément abandonnés par eux ? A la vérité nous n'avions reçu aucune distribution jusqu'à ce jour, mais on se rappelait les paroles de l'officier, qui avant notre départ des Dominicains, avait affirmé que des vivres et des vêtements d'hiver nous seraient distribués à notre arrivée dans notre nouvelle prison. On se disait qu'il était impossible que nos ennemis fussent assez cruels pour nous laisser mourir de faim. Néanmoins une inquiétude vague s'était emparée de nous et nos esprits flottaient entre la crainte et l'espérance.

L'après-midi des plaintes, des lamentations provoquées par l'impatience ou plutôt par la faim, commençaient à se faire entendre, lorsque notre digne Commandant touché de tant de souffrances, prit la parole : Mes amis, nous dit-il, du courage, nous ne pouvons tarder à obtenir des secours, aujourd'hui probablement on va nous distribuer quelques aliments. En attendant voilà, ajouta-t-il, en montrant un morceau de pain sec et dur, tout ce qui me reste de ce que j'ai recueilli dans les magasins de la ville, eh bien ! fussé-je condamné à mourir de faim, je n'hésiterais pas à le partager avec ceux qui souffrent le plus. S'il en est parmi vous qui possèdent encore quelques débris d'aliments, je les engage à faire comme moi, je les en supplie au nom de l'humanité. Au même instant cet homme bienfaisant fit trois ou quatre parts de son morceau de pain, qu'il distribua à ceux qui paraissaient en avoir le plus besoin. Ces paroles prononcées d'un ton ému et pénétré, cet acte d'une admirable générosité, fut accueilli avec froideur, avec indifférence par des êtres dont tous les sentiments étaient émoussés par l'excès de leur propre misère et ne trouva pas un seul imitateur. Il est donc vrai que le malheur n'est pas moins égoïste que le bonheur. Pour ajouter encore au mérite de cet acte d'une sublime vertu, je dois dire que le Commandant du bataillon du Danube fut une des premières victimes qui succombèrent aux tortures de la faim.

A ce dernier tourment venait s'en joindre un autre, peut-être plus cruel encore, celui de la soif. Nos pauvres malades ne cessaient de demander à boire jour et nuit. Ce fut alors que le directeur des hôpitaux, Fougère, eut l'idée d'aller chercher, sur notre plate-forme, des pelottes de neige, qu'il apporta dans son bonnet. Je ne puis, nous dit cet excellent homme, satisfaire votre faim, mais je puis au moins appaiser votre soif et il nous présenta les pelotes qui nous procurèrent un grand soulagement. Malheureusement cette boisson glacée occasionna des hématuries violentes dont nous eûmes beaucoup à souffrir et nous dûmes en modérer l'usage.

IX.

Ce même jour un spectacle douloureux vint encore ajouter à nos peines. Des soldats russes avaient trouvé couché dans l'allée d'une maison, un officier français demi mort, que sur l'ordre de leur chef ils apportèrent dans notre prison. C'était un tout jeune homme, capitaine de génie, décoré, qui avait les pieds, les mains et le nez gelés ; au moindre mouvement qu'on lui imprimait, il éprouvait de vives souffrances et poussait des cris de douleur. Comme il conservait sa connaissance, aussitôt qu'il fut parmi nous, à boire mes amis, nous dit-il, je vous en prie, donnez-moi à boire. Fougère s'empressa d'aller lui chercher quelques pelottes de neige, qu'il lui présenta à la bouche et qui le soulagèrent beaucoup. Du pain, du pain, demanda-t-il, une bouchée de pain, je vous supplie. A cette demande nos cœurs se serrèrent et nous fûmes forcés de lui avouer que nous-mêmes périssions faute de nourriture. Alors le malheureux parut se résigner et pour dernier service, il pria de lui ôter sa chaussure qui le faisait cruellement souffrir ; à chaque effort qu'on ten-

tait, il jetait des cris perçants, Fougère m'appela à son aide, nous exa-
minâmes l'état des pieds et des jambes, ils étaient tellement gonflés qu'il
nous fallut inciser largement les bottes à plusieurs endroits pour les enlever, et malgré toutes les précautions, la gangrène par congélation était
tellement avancée que la peau des pieds resta collée à l'intérieur des bottes. Après cette opération qui avait calmé ses douleurs, après les témoi-
gnages de sa vive reconnaissance. Messieurs. nous dit-il, je ne m'abuse
point, je ne saurais vivre longtemps dans l'état déplorable où je suis. Je
me nomme de Villeneuve, fils unique d'une ancienne et riche famille de
Paris, à 26 ans, ancien élève de l'école polytechnique, capitaine du génie
et décoré, je pouvais me croire quelque avenir ; maintenant tout est fini
pour moi il ne me reste plus qu'à mourir en paix. Si plus heureux que
moi, l'un de vous doit revoir Paris, je lui recommande ma mère, ma
pauvre mère qui ne pourra peut-être survivre à l'idée de ma mort. Di-
tes-lui tout ce que vous avez vu de moi, combien je l'aimais et que pour
elle a été ma dernière pensée.

Nous cherchâmes en vain à faire luire quelque espoir aux yeux de cet
infortuné, mais il ne s'était pas mépris sur son état et s'éteignit le sur-
lendemain de son arrivée, après une assez longue et douce agonie.

Ce fut le premier que la mort frappa parmi nous et que tant d'autres
hélas ! ne devaient pas tarder à suivre.

Nous nous adressâmes au chef du poste pour obtenir qu'on fît enlever
au plus tôt le corps de Villeneuve atteint de gangrène et qui exhalait une
odeur fétide, nous éprouvâmes un refus. Nous suppliâmes qu'on nous
permit au moins de le transporter sur notre plate-forme, ce fut en vain,
nos instances, nos prières furent repoussées avec dureté, avec menaces
même et pendant trente-cinq jours que nous avons séjourné dans ce
tombeau anticipé nous avons été condamnés à avoir sous les yeux le
spectacle incessant de nos malheureux compagnons morts parmi nous,
et à vivre ou plutôt à mourir au milieu des exhalaisons de leurs corps putréfiés. Si encore il nous eût été permis de renouveler l'air de nos chambres, mais les efforts de quelques hommes instruits, qui avaient démon-
tré tous les dangers qui devaient résulter pour nous de l'occlusion cons-
tante de nos fenêtres, au milieu de tous nos morts, n'avaient abouti qu'à
faire naître une opposition aussi vive que peu éclairée. Tout sentiment
était tellement amorti parmi nous, que nous ne nous doutions pas
même de l'infection de l'air que nous respirions ; quelques-uns de ceux
qui revenaient de la plate-forme, impressionnés péniblement en rentrant
dans nos chambres, de l'odeur nauséabonde qui s'en exhalait, deman-
daient l'ouverture des fenêtres pour quelques minutes seulement ; mais
aussitôt une résistance formidable surgissait de tous côtés, surtout de la
part de ceux qui, faibles et mal vêtus, étaient exposés les premiers à
l'air glacial et pénétrant dont le seul contact était un véritable supplice.
Des cris, des menaces étaient proférés contre l'audacieux qui avait osé
proposer le seul moyen d'amoindrir les dangers d'une atmotsphère empoisonnée, dont les funestes et inévitables effets ne pouvaient tarder à se
faire sentir.

Dès lors le typhus, la diarrhée, le scorbut se manifestèrent avec la
plus grande intensité et exercèrent parmi nous les plus terribles ra-
vages.

X.

A peine de Villeneuve avait-il fermé lès yeux, que nous vîmes entrer
dans notre prison six jeunes pharmaciens, conduits par un officier russe

qui les avait préservé du pillage et des mauvais traitements des Cosaques. Il nous recommanda nos nouveaux compagnons et nous pria de
leur faire place parmi nous. Notre chef de chambrée répondit à cet officier qui n'avait point franchi le seuil de notre porte et qui se couvrait le
nez d'un foulard, faites un pas de plus, monsieur, et vous allez vous convaincre qu'il ne nous reste plus une seule place disponible ; quant à la
recommandation que vous nous adressez pour ces malheureux jeunes
gens, si vous leur portez le moindre intérêt, cherchez pour eux un asile
plus hospitalier que le nôtre, un asile où ils trouvent au moins quelque
pitié, quelque commisération ; depuis dix jours que nous sommes entre
vos mains, sans pain, sans paille sur ce dur pavé, sans bois, à peine couvert de quelques haillons, nous endurons tous les tourments à la fois.
Ah ! monsieur l'officier, il eût été plus humain de nous passer par les
armes, que de nous condamner à périr de froid, de faim et de misère.

Interdit par ces paroles accablantes, l'officier russe balbutia quelques
mots, referma bruyamment la porte et disparut aussitôt.

Atterrés de ce qu'ils venaient d'entendre et du hideux spectacle qu'ils
avaient sous les yeux, présage trop certain du sort qui les attendait, ré-
voltés de l'odeur infecte qui frappait leur odorat, ne voyant aucune place
pour les recevoir, la contenance de ces malheureux jeunes gens était ti-
mide, embarrassée. Tout récemment arrivés de Hollande, pleins de force
et de santé, couverts de beaux et brillants uniformes, ils formaient un
contraste bien frappant, au milieu d'hommes décharnés, livides, engue-
nillés et d'une saleté repoussante.

Le Commandant de la chambrée les prit en pitié et invita chacun de
nous à se placer sur le côté, ainsi qu'il en donna lui-même l'exemple,
pour admettre parmi nous ces six nouvelles victimes. Ces malheureux
vinrent lentement, avec une répugnance visible et bien pardonnable assurément, occuper les places qui leur furent assignées.

Déjà six ou sept jours s'étaient écoulés depuis notre entrée dans cette
prison, sans avoir obtenu aucune distribution, sans avoir eu la moindre
révélation des Russes, et rien ne nous faisait prévoir un meilleur avenir.
Ceux qui avaient pu soustraire quelques vivres au pillage des Cosaques,
voyaient leurs ressources épuisées ; les autres étaient dans un tel état de
faiblesse que le terme de leur existence ne pouvait être éloigné. Les nuits
on n'entendait que plaintes et gémissements ; les jours c'étaient des scènes de colère et d'emportement, on se répandait en injures contre les
Russes, on formait des projets insensés.

XI.

Enfin un émigré français, aide-de-camp de l'empereur Alexandre, le
général St.-Priest, se présenta dans notre prison. À son aspect, le plus
grand calme et le silence le plus profond s'établirent. Après avoir fait
renouveler l'air de nos chambres, le général dit qu'il venait nous visi-
ter sur l'ordre de S. M. l'empereur Alexandre, pour connaître nos besoins. — Vous voyez, général, que nous manquons de tout, répondit
notre Commandant. A ces mots la chambrée entière s'écria : non, non,
du pain, du pain avant tout, nous mourrons de faim. Le Commandant,
dont la faiblesse s'accroissait chaque jour, faisait signe de sa main affai-
blie qu'il désirait ajouter quelques mots ; mais tous ses efforts furent
inutiles, la seule idée d'avoir du pain, nous exaltait tellement que le général lui-même ne pouvait se faire entendre, et d'ailleurs le besoin d'a-
liments était devenu si impérieux, que nous eussions craint, en faisant

toute autre demande, d'affaiblir l'expression de notre vœu le plus ardent; aussi un seul cri retentissait parmi nous : du pain, du pain. Parfaitement instruit de notre besoin le plus pressant le général se retira en promettant de nous revoir au plus tôt et il était déjà loin, qu'on vociférait encore, du pain, du pain.

Après son départ un rayon d'espérance sembla luire parmi nous, nous nous demandions quel serait le résultat de sa visite? S'il n'avait point été plus blessé de nos clameurs, que touché de nos misères ? Notre digne chef manifestait le regret qu'on n'eût point cherché à obtenir du général, quelques renseignements sur le jour ou des distributions régulières seraient faites aux prisonniers, sur le terme de leur réclusion. Tâchons, nous dit-il, d'apporter désormais plus de calme et de modération dans l'expression de nos désirs.

Le lendemain nous nous perdions encore en conjectures sur la visite de M. de St-Priest, lorsque deux soldats russes entrèrent inopinément dans nos chambres, en ouvrirent d'autorité les fenêtres, malgré toutes les représentations qui leur furent adressées, se tinrent immobiles auprès et ne les refermèrent que sur un signe de leur chef. Cette mesure provenait-elle de l'ordre du général ? Etait-ce un commencement de sollicitude pour les pauvres prisonniers ? Quoi qu'il en fût, nous étions dans l'attente de quelque événement, lorsque vers le milieu du jour, un bruit inusité se fit entendre dans notre escalier et un cliquetis d'armes nous annonça l'arrivée de quelque grand personnage.

Au même instant la porte s'ouvre et le général de St-Priest, la tête découverte, se présente en annonçant S. M. l'Empereur de toutes les Russies. A ce nom la chambrée entière s'assied par un mouvement spontané, et la tête découverte, les yeux fixés sur celui qu'elle regardait comme son sauveur, elle attend dans le plus respectueux silence et avec la plus entière confiance, son arrêt qu'il allait prononcer.

L'empereur Alexandre était jeune alors, d'une taille élevée, d'une figure noble et belle, qui exprimait la douceur et la bonté. Après avoir salué, il promena plusieurs fois ses regards attendris sur ce tableau d'une si effroyable misère. Messieurs les officiers, dit-il, d'une voix émue, j'ai voulu voir par moi-même et vos besoins et vos souffrances, j'en ai le cœur navré. Vous êtes sans pain, sans paille, sans bois. Sire, s'écria-t-on de toutes parts, sans lui donner le temps d'achever : du pain, avant tout du pain, nous mourons de faim, Alors l'Empereur élevant la voix et se tournant vers M. de St-Priest, général, vous direz au prince Gortschakoff, gouverneur de Wilna, que j'entends qu'aujourd'hui, aujourd'hui même, entendez-vous, une distribution de pain soit faite à ces messieurs. A ces mots, à l'idée d'avoir du pain, une joie qui tenait du délire s'empara de nous, c'étaient des cris de vive l'Empereur, des bravos, des trépignements ; on se pressait les mains, on riait, on pleurait, on s'embrassait.

L'empereur que l'attendrissement général avait gagné, salua de la main et se retira précipitamment.

Ce fut sa seule visite aux prisonniers français, tant avait été douloureuse l'impression qu'il en avait ressentie.

Cette ivresse, ce bonheur infini, se prolongèrent encore quelques instants après le départ de l'empereur, nous étions pourtant sans feu, sans vêtements, couchés sur la dure; mais après une si longue abstinence, nous allions recevoir du pain, nous entrevoyions l'espoir d'obtenir des distributions régulières, tous nos maux étaient oubliés, nous étions presque heureux.

Cependant une réflexion tardive, lorsque le calme eût succédé à l'exaltation, vint refroidir un peu notre joie, nous avions oublié de supplier l'Empereur d'ordonner l'enlèvement des cadavres qui se trouvaient déjà parmi nous, afin d'agrandir l'espace dont chacun de nous pouvait disposer, et de nous mettre à l'abri des miasmes qui s'en exhalaient. Ce regret était bien vif, surtout chez ceux qui, voisins des morts gangrenés, se trouvaient les premiers exposés à leurs influences délétères, mais l'occasion était manquée et nous nous consolâmes en nous promettant de saisir la première qui se présenterait pour nous en débarrasser.

Quelques heures après le départ de l'Empereur, lorsque bientôt l'inquiétude allait s'emparer de nous et qu'on commençait à craindre une nouvelle déception, un officier russe, suivi de plusieurs soldats chargés de sacs remplis de biscuit russe, se présenta à notre porte. A son apparition, nous nous levâmes précipitamment pour obtenir des premiers la ration qui nous était destinée, mais l'officier déclara qu'il allait se retirer si nous ne conservions nos places; alors il fit passer de main en main à chacun de nous trois morceaux de biscuit assez volumineux pour notre nourriture de trois jours. On ne saurait se faire une idée de la voracité avec laquelle nous nous jetâmes sur cet aliment grossier, bien inférieur à notre pain de munition, semblable à une motte de terre dure et sèche, lourd, insipide, indigeste et dont le seul avantage est de se conserver des années entières sans altération. Néanmoins tous un morceau de biscuit d'une main, une boule de neige de l'autre, nous éprouvions jusqu'à quel point la faim, l'impitoyable faim pouvait faire paraître appétissant à l'œil, exquis à l'odorat, l'aliment qui nous aurait répugné autrefois.

Tel fut le seul avantage que nous retirâmes de la visite de S. M. l'Empereur de toutes les Russies.

XII.

Par une précaution dont j'eus lieu de m'applaudir, je fis quatre parts des deux morceaux de biscuit qui me restaient et je me promis, quelque fût l'exigence de ma faim, d'en faire ma nourriture de quatre jours.

Cette simple distribution avait suffi pour changer la physionomie de notre prison; il y avait en même temps plus de calme et plus d'animation parmi nous; ce n'était plus ces colères, ces violences, ce désespoir qui se reproduisaient sans cesse; un air de contentement, de satisfaction, une causerie douce, intime, entremêlée de joyeuses plaisanteries, disaient assez combien étaient changées la disposition de nos esprits. Nous comptions sur des distributions régulières à l'avenir ; nous voyions nos rapports établis avec les Russes, qui ne pouvaient manquer de nous accorder au moins ce qu'on ne refuse pas au plus vils criminels; nous nous repaissions de chimères, qui jetant un voile sur nos malheurs passés, nous soutenaient, nous encourageaient, mais qui furent hélas bien loin de se réaliser.

Un de nos officiers, pour occuper nos loisirs et dissiper nos ennuis, demanda que nous fissions tour à tour le récit de notre campagne. Cette idée fut accueillie avec joie et reçut son exécution pendant deux à trois jours, c'est-à-dire autant que nous pûmes satisfaire aux exigences de la faim ; mais lorsque notre biscuit fut épuisé et que nous nous vîmes de nouveau abandonnés des Russes, lorsque de nouvelles privations eurent affaibli notre esprit et torturé notre corps, les scènes de colère, d'emportement, de désespoir recommencèrent ; les plaintes, les imprécations contre les Russes, contre le général St-Priest, contre l'Empereur luimême, se reproduisirent avec une intensité qui s'accroissait chaque jour; ceux qui jusque-là avaient pu se maîtriser cédaient à l'entraînement général ; des projets insensés, des idées folles traversaient nos têtes affaiblies.

Un de nous proposa d'ouvrir une fenêtre et d'appeler du secours de toute la force de nos poumons. Cette proposition dangereuse fut accueillie et exécutée aussitôt. Nous espérions être entendus de quelque officier qui viendrait à nous, et instruirait le gouverneur de Wilna de l'état déplorable auquel nous étions réduits. Mais il en fut bien différemment, notre garde, surprise, effrayée par ces cris sauvages et inattendus, se précipita dans notre chambre, la baïonnette en avant, frappa, blessa ceux qui se trouvaient sous sa main et menaça de faire feu, si le silence ne se rétablissait sur le champ.

De ce moment nous comprîmes qu'il ne nous restait plus qu'à souffrir et à mourir, sans même avoir le droit de proférer le moindre cri, d'exhaler la moindre plainte, et nous tombâmes dans une morne tristesse, dans un profond abattement.

Cette disposition morale, jointe à la privation d'aliments et à l'air corrompu que nous respirions, ne pouvait manquer d'aggraver l'état de nos malades et d'en augmenter sensiblement le nombre.

Ce fut alors que je me vis atteint de symptômes qui m'annonçaient la funeste invasion de la fièvre typhoïde. Le matin je me réveillai avec un violent mal de tête, une fatigue extrême, une courbature dans les membres, j'étais abattu, anéanti ; l'après-midi, j'éprouvai des frissons, suivis d'une chaleur intense, de la soif, de l'agitation et une transpiration bienfaisante qui me procura quelque calme ; la nuit je dormis d'un sommeil profond et ne me réveillai qu'au grand jour ; j'étais couvert d'une sueur tellement abondante qu'elle traversait mes vêtements et d'une fétidité si insupportable, qu'au milieu de ce foyer d'infection, elle était incommode à mes voisins. En retour tous les symptômes de la veille avaient disparu ; ma tête était libre, mes membres dégagés et j'aurais joui d'un bien-être complet, sans le froid pénible que me faisaient éprouver mes habits trempés de sueur.

C'est assurément à cet effort heureux de la nature, à cette crise salutaire, que je dois d'avoir échappé aux diverses maladies qui sévissaient parmi nous avec tant de violence.

La nuit suivante, la faim, que déjà depuis si longtemps je ne satisfaisais qu'en partie, devint si impérieuse, si intolérable, qu'il me fut impossible de lui résister et je dévorai, en une seule séance, les quelques morceaux de biscuit qui me restaient et que je m'étais tant promis de ménager pour me soutenir deux à trois jours encore.

Le lendemain une sombre tristesse s'empara de moi. Je me reprochai ce que j'appelais, hélas, ma gourmandise. J'avais faim, j'avais soif, je grelottais dans mes habits encore imprégnés de sueur, il semblait que toutes les misères dussent m'assaillir à la fois. Pour comble de maux, j'eus la douleur, ce même jour, de voir mourir à mes pieds, un jeune homme auquel, malgré le peu de temps que je l'avais connu, je portais un bien vif intérêt. C'était un des six jeunes pharmaciens dont j'ai parlé plus haut.

XIII.

Fils unique d'un riche propriétaire des environs de Rouen, le jeune Ferrant s'était livré avec passion à l'étude de la chimie. En 1812 il ne trouva pas de meilleur moyen de se soustraire au rude métier des armes que d'entrer chez un pharmacien, pour obtenir une commission dans le service de santé. Grand, svelte, brun, d'une figure charmante, d'un caractère enjoué, de même âge que moi, il me manifesta dès son entrée parmi nous, le bonheur qu'il éprouvait à rencontrer un compatriote. Comme j'avais habité près d'une année la ville de Rouen, le peu de temps que nous passâmes ensemble fut employé à rappeler des souvenirs qui allégeaient les ennuis de notre captivité.

Quelques jours après son arrivée, il ressentit les premiers symptômes de la fièvre typhoïde. Comme la mort frappait impitoyablement tous ceux qui en étaient atteint, le malheureux Ferrant ne s'abusa pas un instant sur sa position ; il me fit ses adieux et me légua ses vêtements, puisque les morts étaient dépouillés au bénéfice des vivants, et quelques morceaux de biscuit, dont la maladie ne lui avait pas permis de faire usage. Il me demanda seulement, si je revoyais la France, de lui promettre de faire connaître à ses parents, et ses malheurs et sa fin déplorable.

Cette promesse sacrée, certes je l'aurais remplie, quand bien même un hasard étrange, que je ne puis m'empêcher de rapporter ici, ne m'en eût fourni l'occasion.

Après mon retour en France, je me trouvais sur la route de Rouen, où j'allais passer quelques jours, avant de me rendre à Paris. Dans la diligence où je voyageais avec un de mes amis, le docteur E..., de Bayeux, se tenait vis-à-vis de moi, muette, immobile, dans l'angle de la voiture, une dame déjà sur l'âge, petite, maigre, d'une pâleur maladive, dont les traits exprimaient la tristesse et la souffrance ; près d'elle était sa domestique et dans l'angle opposé, un gros curé de campagne, gras, vermeil et joufflu, dont la conversation ne tarissait pas. Nous parlions de la campagne de Russie et je me trouvais en désaccord avec le gros curé, quand mon ami lui fit observer que je parlais pertinemment des faits, puisque je sortais tout récemment des prisons de Russie. A peine cette phrase était terminée, que cette femme si faible, si souffreteuse, se leva d'un bond et s'élança vers moi les mains jointes en s'écriant : Vous venez de Russie, monsieur, avez-vous vu mon enfant, mon pauvre enfant, de grâce l'avez-vous vu ? Interdit par cette apostrophe, à laquelle j'étais loin de m'attendre, j'examinais attentivement cette femme, en me demandant si elle jouissait de sa raison, quand elle reprit avec vivacité : Mais répondez-moi, monsieur, répondez je vous en conjure, où vous allez faire mourir une pauvre mère qui vient de subir l'amputation du sein. J'invitai cette malheureuse à s'asseoir, en promettant de lui répondre quand elle serait plus calme. — Comment s'appelle votre fils, madame ? — Ferraut, pharmacien. — A ce nom tous mes sens se retirèrent, je demeurai anéanti. Cette pauvre mère qui, d'un œil inquiet, suivait tous mes mouvements, s'aperçut de mon trouble, de mon embarras et s'écria avec l'accent du désespoir : Vous ne répondez pas, monsieur, ah ! je ne le vois que trop, mon enfant, mon pauvre enfant est mort. Au même instant elle se couvrit le visage de ses deux mains et éclata en pleurs et en sanglots.

Rappelé à moi par cette scène déchirante, par cette douleur profonde qui pouvait donner la mort à cette malheureuse mère, je repris aussitôt, mais permettez donc madame, que je recueille mes souvenirs ; j'ai connu un si grand nombre de prisonniers, que je cherche à me rappeler ce qui concerne monsieur votre fils. — N'était-il pas d'une taille élevée, brun, les cheveux frisés, portant des conserves ? — C'est cela, c'est lui, c'est mon fils. Où est-il, monsieur, je vous en supplie, où est-il ? — Je crois me rappeler, madame, qu'il a été envoyé en évacuation dans l'intérieur de la Russie, avec un grand nombre d'autres prisonniers qui rentreront plus tard en France ; au reste, mes papiers sont à Paris où je dois être rendu dans trois à quatre jours. Veuillez me donner votre adresse et quand j'aurai compulsé mes notes, je vous promets des renseignements complets à cet égard.

Ces quelques mots semblèrent ranimer cette infortunée qui s'écria : Mon dieu ! je puis donc espérer encore revoir mon pauvre enfant. De ce moment, jusqu'à notre arrivée à l'habitation de Mme Ferrant, je fus accablé de questions sur son fils, auxquelles je m'empressai de répondre avec tout le respect et les égards que l'on doit au malheur et à la souffrance. Comme son mari était député au Champ-de-Mai, où il devait se rendre incessamment, je lui laissai mon adresse à Paris et nous nous quittâmes, elle, avec un espoir, hélas qui ne devait point se réaliser, et moi tout ému encore de cette scène déchirante dont nos voyageurs eux-mêmes avaient été vivement impressionnés.

Peu après mon arrivée à Paris, je reçus la visite de M. Ferrant et j'appris à ce malheureux père, avec tous les ménagements possibles, les circonstances déplorables de la mort de son fils.

A peine ce pauvre jeune homme eût-il fermé les yeux que, d'après ses dernières volontés et pour ne point être prévenu, je m'emparai au déclin du jour, du biscuit qui lui restait encore, et j'en fis trois faibles parts pour ma nourriture de trois jours.

La nuit venue, je pus enfin, sans bruit et à l'insu de tous, apaiser la faim qui me tourmentait. Je dis la nuit, car nul de nous n'eût osé, pendant le jour, exposer aux regards l'aliment le plus grossier, dans la crainte de provoquer à des scènes de violences et de désordre, de malheureux affamés chez lesquels toute raison avait perdu son empire.

XIV.

Nous avions ainsi atteint le vingtième jour de notre captivité. Pendant tout ce temps je n'avais vécu qu'avec le biscuit que j'avais caché dans mon pantalon à l'hôpital St-Pierre, avec la distribution que nous devions à l'Empereur et avec les quelques morceaux de biscuit que j'avais trouvés sur le malheureux Ferrant, tout cela réuni eût été insuffisant pour la nourriture d'un homme en santé, pendant l'espace de dix jours seulement ; aussi j'étais déjà fort amaigri et mes forces avaient sensiblement diminué.

A cette époque la mort avait sévi avec rigueur sur ceux de nos compagnons qui étaient entrés dans la prison sans avoir pu soustraire quelques vivres aux regards des Russes. Un quart de la chambrée, parmi lequel se trouvaient nos chefs, le colonel hollandais, notre digne lieutenant-colonel, le commissaire des guerres, etc., etc., avait succombé et la moitié des survivants était atteinte d'affections graves qui ne pardonnaient pas.

Dans cette triste situation je conçus l'idée d'échapper à la surveillance des Russes. A cet effet je me rendis sur notre plate-forme dont j'étais en train de mesurer de l'œil la hauteur, lorsque Fougère qui m'avait suivi, me fit une proposition, qui dut me surprendre d'abord et que je finis cependant par accepter avec empressement.

Il s'agissait de réunir tous les officiers valides ou malades dans notre deuxième chambre, de traîner les cadavres dans la première et de les entasser en face de la porte et à la vue des Russes, sous le prétexte d'agrandir l'espace étroit dont chacun de nous avait disposé jusqu'à ce jour, mais en réalité dans l'espoir de découvrir dans les vêtements de nos morts et surtout chez ceux qui avaient succombé dans les premiers jours, quelques restes d'aliments dont nous ferions notre profit. Il ne fallait pas moins que ce dernier stimulant, dans l'état de faiblesse où nous nous trouvions, pour nous charger de cette corvée aussi pénible que fatigante.

A peine étions-nous rentrés que nous fîmes part de notre projet à la chambrée. Dans l'état d'apathie et d'indifférence où elle se trouvait, cette proposition ne rencontra ni approbateurs, ni contradicteurs, et nous nous mîmes sur le champ en besogne. Après avoir aidé aux malades à se rendre dans la deuxième pièce, nous traînâmes dans la première les cadavres de nos malheureux compagnons, mais avant de les entasser, nous palpions les corps avec soin, pour nous assurer si nous ne rencontrerions pas dans leurs vêtements quelques débris d'aliments ; alors nous les mettions à part, jusqu'à la nuit venue, que nous allions près d'eux partager sans bruit le triste produit de leurs dépouilles.

Nous nous procurâmes ainsi du biscuit français et russe, quelques morceaux de sucre et une tablette de chocolat, qui furent pour nous une précieuse ressource, dans l'état de dénuement où nous nous trouvions.

Mais le nombre de nos morts s'accroissant chaque jour, et ceux qui avaient succombé les derniers, ayant épuisé leurs vivres, la tâche que nous nous étions imposée devint de plus en plus pénible et improductive, et nous dûmes y renoncer.

XV.

Enfin, au milieu de tant de misères et de souffrances, nous étions arrivés à notre trentième jour de réclusion. On ne saurait se faire une idée de l'état déplorable dans lequel nous étions tombé. Plus des trois quarts de la chambrée avait succombé aux atteintes de la faim et de la maladie. Une cinquantaine de cadavres, d'où s'exhalait une odeur pestilentielle, étaient entassés dans notre première chambre. Nos malades et le petit nombre de ceux qui se soutenaient encore, étendus le long des murs, se trouvaient dans la deuxième. Au milieu de cette pièce gisaient quelques morts, dont plusieurs officiers se servaient, afin de reposer leurs corps amaigris, pour lesquels le coucher sur la pierre était un véritable supplice. Nous étions enfouis dans des lambeaux de vêtements, pour nous préserver du froid, qui s'accroissait chaque jour en raison de la diminution des vivants. Un silence de mort régnait parmi nous, et n'était interrompu que par quelques mots de colère et d'indignation, par quelques imprécations que la souffrance nous arrachait contre nos bourreaux. Nos malades, arrivés au dernier degré de la faiblesse, calmes, résignés, s'éteignaient ordinairement, après une courte agonie, sans convulsions, souvent même sans agitation.

Un seul présenta à sa mort des symptômes bien différents. C'était le dernier survivant de nos jeunes pharmaciens. Petit, trapu, d'une constitution robuste, il fut atteint du typhus, contre lequel il luttait déjà depuis longtemps, lorsqu'un jour que nous étions plongés dans un morne abattement et que quelques rares paroles s'échangeaient entre nous, le pauvre malade, dans un accès de fièvre chaude, se leva tout d'un bond et les traits contractés, l'œil fixe, égaré, proférant des sons rauques et inarticulés, inspirant à tous la terreur, il s'élança dans la chambre qu'il parcourut rapidement en tous sens, tombant et se relevant aussitôt, passant sur les corps et foulant aux pieds ceux qui se rencontraient sur son passage ; des cris de fureur et d'indignation s'élevaient contre le pauvre moribond, que rien ne semblait devoir arrêter dans sa course, lorsque plusieurs officiers, profitant d'une chute qu'il venait de faire, le saisirent, et avec des efforts inouis, parvinrent à le contenir.

Tandis qu'il se débattait sous leurs étreintes, quelques-uns avaient le triste courage de délibérer sur le parti à prendre pour se débarrasser de ce malade incommode, et j'ai regret de le dire, les propositions les plus violentes, les plus odieuses, étaient mises en avant contre un malheureux en délire, lorsque le chirurgien major Kaiser mit fin à cet horrible débat par ces quelques mots : *Messieurs, il va mourir à la fin de l'accès.*

Cette simple réflexion suffit pour calmer les plus exaltés ; et le malade revenu plus tranquille, chacun retourna à sa place, où il put à son gré renouer la chaîne de ses tristes pensées.

Après cette crise violente, le malheureux tomba dans un tel état de faiblesse, que sa mort paraissait imminente, et les plus alarmés, rassurés par la parole du chirurgien Kaiser, avaient pu s'endormir dans la plus complète sécurité, lorsque dans le milieu de la nuit, une tempête, un véritable ouragan s'éleva tout à coup parmi nous. Notre jeune malade, atteint d'un second accès de fièvre chaude, parcourait rapidement nos chambres en tous sens, proférant des paroles inintelligibles, foulant sous ses pieds tout ce qui s'y rencontrait, se heurtant contre les murs qui le renversaient et se relevant aussitôt. Ceux qui furent atteints, surpris par la douleur , jetèrent des cris d'effroi ; les autres, réveillés en sursaut , croyant que les Russes assassinaient leurs camarades, se levèrent soudainement pour se mettre en défense, mais à peine debout, ils étaient renversés les uns sur les autres comme un château de cartes ; alors la frayeur devint à son comble, et la chambrée entière criait, vociférait.

Surprise, effrayée de ces clameurs, de ce tumulte effroyable au milieu de la nuit, notre garde parut aussitôt, et précédée de son chef, qui portait une lumière d'une main et un sabre de l'autre, elle pénétra avec précaution dans nos chambres, prête à s'élancer sur nous au premier mot, au moindre signe. Le pauvre moribond, cause innocente de cette épouvantable scène, fut désigné au caporal, qui le saisit vigoureusement, le livra à ses soldats pour l'emmener et peut-être lui faire un mauvais parti, quand, épuisé par tant d'efforts et de fatigues, il chancela et s'affaissa sur lui-même. Le chef lui porta la lumière sur le visage, pour s'assurer si cette scène était réelle ou feinte ; mais il s'aperçut bientôt, à la décomposition de ses traits , que le malheureux touchait à son heure suprême, et en effet, il ne tarda pas à rendre le dernier soupir.

Notre garde se retira lentement, paraissant péniblement impressionnée de cette scène douloureuse, et nous, nous regagnâmes tristement nos places, en proie aux réflexions les plus sinistres, et replongés dans les ténèbres, nous sentîmes plus vivement encore l'excès de nos misères.

Aujourd'hui que plus de quarante-six ans sont écoulés, depuis cette fatale époque, je ne saurais, sans émotion, me rappeler cette nuit de terreur et d'effroi.

XVI.

Depuis que les vivres que nous avions trouvés dans les vêtements de nos morts étaient épuisés, je me trouvais sans ressources, sans une seule bouchée de biscuit et j'entrevoyais déjà le jour où il me faudrait aller rejoindre ceux de nos malheureux compagnons que nous avions entassés dans notre première chambre. Le chirurgien-major Kaiser, aux pieds duquel j'étais couché et qui m'avait confié qu'il possédait encore sa trousse en argent et une bourse bien garnie de ducats d'Hollande, me pressait bien, depuis plusieurs jours, de chercher les moyens d'aller avec lui en ville pour nous procurer quelques vivres dont nous étions totalement privés ; mais à chaque garde montante, je m'étais adressé au chef du poste pour obtenir la permission de m'absenter une heure seulement, sous la sauvegarde d'un de ses soldats ; et la brutalité des uns, l'impossibilité de se faire comprendre des autres, m'avaient ôté l'espoir de réussir de ce côté.

J'attendais donc dans une grande perplexité quelque occasion favorable, et je combattais, avec le peu de forces qui me restait, le découragement prêt à s'emparer de moi, lorsque je vis notre porte s'entr'ouvrir lentement et sans bruit, et apparaître un officier russe qui jetait un regard furtif dans notre prison. Je m'avançai de ce côté, la porte se referma aussitôt ; je l'ouvris vivement et m'adressant à l'officier qui redescendait l'escalier : De grâce, monsieur, un mot, un seul mot à un malheureux près de mourir de faim. Il se retourna, en me demandant avec un accent de douceur qui m'encourageait, que désirez-vous ? Je lui exposai que m'étant trouvé séparé d'un de mes compatriotes et ami renfermé au couvent des Dominicains et désirant l'aller chercher avec mon camarade, je le priais de donner l'ordre à un de ces soldats, que nous recompenserions, de nous servir de sauvegarde et d'expliquer au poste des Dominicains qu'il venait, au nom d'un officier russe, réclamer un prisonnier français ; j'ajoutai que nous profiterions de l'occasion pour chercher quelques vivres dont nous étions entièrement dénués. Après quelques paroles échangées avec le caporal, cela, me dit-il avec bonté, peut se faire, si vous promettez de rentrer dans une heure et demie. — Ce délai, monsieur, sera plus que suffisant. · Eh bien, appelez votre camarade. Je fis signe à Kaiser de sortir. — Après avoir adressé quelques mots à notre sauvegarde : allez, nous dit l'officier, allez sans crainte, il veillera sur vous. Nous partîmes aussitôt en comblant de remerciements cet homme bon et compatissant.

Le froid était excessif. Kaiser dont l'accoutrement était aussi bizarre et plus léger encore que le mien, tremblait de tous ses membres, et je dus étendre sur lui comme sur moi, le grand lambeau de tapis qui m'avait été d'un si grand secours. Nous cheminâmes ainsi côte à côte vers le couvent des Dominicains, pour nous enquérir si Carpon vivait encore ; comme il habitait Wilna depuis plusieurs mois, nous espérions obtenir par son entremise, quelques vivres qu'il était alors si difficile de se procurer, même à prix d'argent.

Pendant le trajet nos regards furent attristés par des tableaux navrants, qui se reproduisaient sans cesse : les rues étaient remplies de chevaux morts et dépouillés, autour desquels on voyait accroupis, presque nus, cinq à six prisonniers, véritables squelettes animés qui, avec leurs doigts, avec leurs ongles, détachaient quelques parcelles de la chair vive et glacée de ces animaux qu'ils dévoraient avec avidité. Nous pressâmes le pas en détournant les yeux de ces scènes d'horreur et nous arrivâmes le cœur oppressé à la porte des Dominicains.

Notre soldat se présenta au poste pour exposer la mission dont il était chargé et nous pénétrâmes sans obstacle dans la prison.

XVII.

Là nous attendait un spectacle différent, mais non moins effroyable. Le couvent était un vaste tombeau, où de toutes parts les morts étaient entassés pêle-mêle ; les cours, les escaliers, les chambres, les corridors en étaient tellement remplis qu'on n'y pouvait poser le pied sans rencontrer un cadavre. Nous gravîmes l'escalier jusqu'au deuxième étage, en nous aidant de la rampe et nous parcourûmes le long et obscur corridor avec précaution pour ne pas blesser quelques vivants, s'il s'en rencontrait encore. Arrivés à la porte des deux chambres où j'avais laissé Carpon, nous hésitions à escalader les trois ou quatre couches de cadavres qui s'y trouvaient et nous l'appelions de toutes nos forces, quand un jeune soldat nous dit : *passez, ils sont tous morts !*

Nous traversâmes péniblement ces deux premières pièces et nous nous trouvâmes en présence de sept à huit spectres, au nombre desquels se trouvait mon malheureux compatriote, que je ne reconnus guère qu'à la vieille et sale couverture de laine dont il était encore couvert. Cet homme qui, moins d'un mois auparavant, avait un embonpoint remarquable, une santé robuste, les joues pleines et le teint fleuri, maintenant était d'une maigreur extrême, d'une pâleur livide et tout son être exprimait la faiblesse et la souffrance ; assis sur deux cadavres, le dos appuyé contre le mur, la tête basse, le regard fixé sur le plancher, il semblait étranger à tout ce qui l'entourait. — Je me plaçai devant lui en prononçant son nom. — Il leva sur moi des yeux hagards, étonnés, sans me reconnaître. — J'articulai le mien. — Il se leva aussitôt et après m'avoir fixé attentivement, il se jeta dans mes bras en s'écriant : — Eh ! quoi, mon ami, vous n'êtes pas mort. — Non pas encore, répondis-je, mais il est temps que cela finisse. — Allons je viens vous chercher, venez avec nous. — Où donc ? — Venez toujours, vous le saurez après. Pendant qu'il furetait entre deux cadavres pour en retirer quelques pièces d'or qu'il possédait encore, je portai mes regards dans la cour, où tant de malheureux étaient morts de froid lors de la première nuit que j'avais passée dans cette prison. Regardez, me dit Carpon, voilà le seul spectacle que nous ayons sous les yeux, depuis près de quinze jours.

C'étaient trois pyramides de cadavres, dont le sommet s'élevait jusqu'au deuxième étage et correspondait à trois fenêtres, d'où les Russes les précipitaient après les avoir dépouillés de leurs quelques haillons, pour en trafiquer avec les juifs ; et dans la cour sept ou huit tombereaux qui les transportaient dans de vastes fosses où on les enterrait par centaines.

A la vue de ces montagnes d'hommes, morts si jeunes, après d'épouvantables souffrances, dont les corps desséchés, nus pour la plupart et jetés pêle-mêle les uns sur les autres, se présentaient dans mille attitudes diverses, que les Russes saisissaient par les bras, par les jambes et lançaient par les fenêtres, ou dans des tombereaux, comme des ballots incommodes, je frissonnai d'horreur et me retirai précipitamment de la fenêtre.

Ah ! dis-je à mes amis, tout est fini pour ces infortunés, mais que de familles en deuil, que de mères en pleurs !

Kaiser et moi, nous pûmes nous convaincre que le sort des prisonniers de ce couvent n'avait pas été moins déplorable que le nôtre ; le froid avait été pour eux, ce que le typhus avait été pour nous, la principale cause de mortalité. Le petit nombre de ceux qui survivaient encore, était réfugié dans des chambres, où il avait trouvé le moyen de se procurer du feu, qu'il alimentait avec les portes, les fenêtres et la charpente du couvent. Que devinrent ces malheureux, qui séjournèrent plus d'un mois dans cet horrible lieu, sans obtenir des Russes une seule distribution de vivres ? Je ne pourrais le dire. Ce qui est certain, c'est que pendant plus d'une année que Carpon et moi avons résidé à Wilna, nous n'avons pas rencontré un seul prisonnier échappé aux tortures de cette fatale prison.

Nous quittâmes la chambre en nous aidant les uns les autres. Aucune voix, aucun bruit ne se faisaient entendre; ce silence profond, au milieu de tous ces morts, avait quelque chose de sinistre, d'effrayant, qui nous oppressait, et nous nous hâtâmes de nous éloigner de ce séjour de désolation et d'horreur.

Avant de descendre le grand escalier, Carpon nous fit remarquer deux jeunes soldats couchés en face l'un de l'autre, qui semblaient vouloir dévorer encore une côte de cheval qui se trouvait entr'eux et que leurs mains crispées par la mort, n'avaient point abandonnée.

Nous retrouvâmes notre soldat, qui n'avait pas voulu s'engager dans le couvent, et qui nous attendait au poste; il nous fit ouvrir la porte que nous nous empressâmes de franchir avec la joie du malheureux prisonnier qui recouvre sa liberté, quand tout espoir semblait perdu pour lui.

XVIII.

Arrivés dans la rue nous tîmmes conseil sur le parti que nous devions prendre ; Carpon nous proposa d'entrer au café italien, qui se trouvait à quelques pas et dont il était un des habitués. Sa proposition fut acceptée et malgré notre piètre accoutrement, nous nous y présentâmes en demandant du pain et de la bière. Le garçon nous regarda avec étonnement et semblait indécis s'il devait obtempérer à notre demande, lorsque Kaiser fit briller à ses yeux une pièce d'or en lui faisant observer que nous étions des officiers français, alors il nous servit une bouteille de bière et trois petits pains, bien insuffisants pour apaiser notre faim. Nous priâmes, suppliâmes pour en obtenir encore quelques autres que nous eussions payés le double et le triple de leur valeur ; mais toutes nos instances furent vaines, le chef de l'établissement se présenta en nous exprimant le regret de ne pouvoir faire davantage pour nous, dans ce moment où il pouvait à peine se procurer du pain pour lui-même.

Carpon qui jusque-là avait gardé le silence par un sentiment de fausse honte, hésitait à se faire reconnaître, malgré nos sollicitations, lorsque son nom se trouva prononcé par un de nous ; aussitôt le maître du café s'approcha de notre table et contemplant Carpon d'un air de commisération, il lui tendit la main. Je ne saurais exprimer à quel point il parut surpris et se montra touché de l'état déplorable où se trouvait son ancien habitué, auquel il témoigna les plus vifs regrets et prodigua les marques du plus vif intérêt. Cette reconnaissance nous valut encore trois autres petits pains que nous dévorâmes comme les premiers.

Néanmoins nous étions désappointés de voir que non-seulement nous ne pourrions apaiser complétement notre faim, mais qu'il nous faudrait rentrer dans notre prison sans être pourvus de quelques vivres qui nous auraient été d'un si grand secours.

Comme nous en exprimions nos regrets avec amertume, à l'extrémité de notre salle se trouvait un groupe d'officiers russes, d'abord assez bruyant, mais qui avait fini par prêter attention à ce qui se passait à notre table. L'un d'eux appela le maître du café auquel il adressa, à voix basse, quelques mots qui semblaient nous concerner. Bientôt leur conversation s'anima, le jeune officier devint violent, impérieux et ses camarades vinrent se joindre à lui en paraissant l'approuver du geste et de la parole.

Convaincus que cette scène avait lieu à notre intention et qu'il s'agissait de nous expulser du café, nous jugeâmes prudent de nous retirer. Nous demandâmes notre compte au garçon qui, sur l'ordre de son maître, nous pria d'attendre un instant. Il sortit et reparut bientôt avec trois bols de chocolat, trois petits pains et une bouteille d'eau-de-vie de France, qu'il déposa sur notre table. Nous nous emparâmes vivement des pains, en lui faisant remarquer que le reste ne nous était pas destiné. Prenez toujours, messieurs, nous dit-il, vous réglerez après.

Nous ne doutâmes pas que cette nouvelle libéralité ne provînt du maître du café et nous avalâmes le tout avec une indicible avidité.

Comme Carpon allait adresser à ce dernier ses remerciements, celui-ci lui fit signe que nous devions cette libéralité à MM. les officiers russes et refusa de recevoir notre argent. A peine en fûmes-nous instruits que nous nous empressâmes d'offrir nos remerciements à ces dignes officiers que nous avions si mal jugés. Ils s'approchèrent de nous, s'informèrent avec bonté de notre position et lorsqu'ils apprirent que depuis un mois nous étions entassés pêle-mêle dans nos prisons, sans vivres, sans bois, sans paille et même sans avoir pu obtenir l'enlèvement de nombreux cadavres qui gisaient au milieu de nous, ils se montrèrent profondément touchés de cet excès de misères, se rejetèrent sur la difficulté des circonstances, sur l'embarras où ils se trouvaient eux-mêmes pour nourrir leur armée et nous annoncèrent que des hôpitaux étaient organisés pour recevoir les prisonniers et que nous touchions au terme de nos souffrances.

Plusieurs fois, dans leur entretien, j'avais entendu ces officiers désigner un commandant, qui se trouvait parmi eux, et qui se montrait un des plus empressés près de nous, par le nom de Lougni. Je me rappelai aussitôt le respectable vieillard qui, dans le faubourg d'Antokol, nous avait sauvé la vie, au moment où nous allions périr dans les flammes. Je pris la liberté de demander à cet officier supérieur, s'il ne serait point parent de M. le général de Lougni, aide-de-camp de S. M. l'Empereur. C'est mon père, me répondit-il, et comme je commençais à lui raconter le trait d'humanité d'Antokol ; je le savais, reprit-il, mon père m'en a parlé, il a même fait administrer la bastonnade au sous-officier coupable de cette infamie.

Je ne pus m'empêcher de manifester les regrets que j'éprouvais qu'un traitement aussi rigoureux eût été infligé à un homme dont le repentir nous avait paru sincère et qui avait apporté tant de soin à nous préserver des outrages et des violences d'une soldatesque en fureur.

Après cet entretien M. de Lougni s'efforça de me faire accepter quelques roubles en argent. Permettez-moi, me dit-il, d'achever ce que mon père a si bien commencé.

Je remerciai avec effusion ce généreux commandant, en lui faisant remarquer que dans ce moment, l'argent ne pouvait m'être d'aucune utilité, et que je préférerais un seul morceau de pain à tous les trésors du monde. M. de Lougni réfléchit un instant, et apercevant notre sauvegarde qui, par respect pour les officiers russes qu'il avait entrevus dans le café, n'avait pas osé en franchir la porte, il lui fit signe d'entrer pour le charger d'une commission. Je fis observer au commandant que nous n'avions qu'une permission d'une heure et demie, qui allait bientôt expirer, et que cet homme, qui avait été si complaisant pour nous, serait

exposé, au moindre retard, à être réprimandé, peut-être même puni sévèrement. Soyez tranquille, me dit-il, j'arrangerai tout cela, et ni vous,
ni lui, n'encourerez le moindre reproche.

Sur un signe et d'après les ordres qu'il avait reçus, le soldat disparut.

Pendant son absence, les officiers nous entretinrent des malheurs de
la campagne, des souffrances qu'ils avaient endurées, de l'incendie de
Moscou, de leurs succès certains en Allemagne, où toute l'Europe devait
se coaliser contre nous, de leur entrée en France, à Paris, pour le prin-
temps prochain, seul moyen, disaient-ils, de donner le repos et la paix
à l'Europe, et de mettre un terme à notre captivité.

Ce langage présomptueux ne nous émut guère et ne rencontra chez
nous qu'une profonde incrédulité.

Ah ? si nous avions pu prévoir alors les revers de nos armes, les malheurs de notre patrie, malgré tout ce que nous avions souffert pour elle,
malgré ce que nous devions souffrir encore, notre cœur eût saigné à l'i-
dée qu'un jour notre belle France serait asservie à ces hordes sauvages,
et que la civilisation succomberait sous les coups de la barbarie. Nous
comptions sur le génie de l'Empereur, sur la bravoure de nos soldats,
qui n'avaient dû leurs revers qu'aux atteintes funestes de ce climat destructeur, et nous ne doutions pas de leurs nouveaux succès et de notre
prochaine délivrance.

Notre sauvegarde revint, accompagnée d'un domestique de M. de
Lougni, portant quelques morceaux de biscuit russe, qu'il mit à notre
disposition. Ah ! combien nous fûmes réjouis à la vue de cet aliment
grossier, mais qui pouvait prolonger notre existence de quelques jours
encore.

Nous en usâmes à satiété et nous dissimulâmes le reste dans nos poches et nos pantalons.

Il fallut enfin nous séparer de nos bienfaiteurs. Nous demandâmes notre compte. Tout est payé, messieurs, répondit le maître du café.

Ce ne pouvait être par Carpon qui, profitant de l'absence de notre
sauvegarde, s'était esquivé, sans qu'il nous eût été possible de le retrou-
ver, malgré nos recherches et nos informations.

C'était une nouvelle générosité de ces dignes officiers, qui venaient
encore de partager avec nous un bol de punch, qui avait été préparé pour
eux.

Je m'approchai de M. de Lougni. Commandant, lui dis-je, c'est un
nouveau bienfait de vous et de messieurs vos camarades, que nous ne
pourrons jamais acquitter, mais dont nous conserverons une éternelle
reconnaissance. Il me tendit la main, me donna son adresse et m'enga-
gea à lui faire visite à ma sortie de prison.

XIX.

Je ne saurais oublier de dire ici, que pendant tout le temps que M.
de Lougni a résidé à Wilna, il a, par des soins empressés, par des attentions délicates, cherché tous les moyens d'alléger les peines et les ennuis de ma captivité. Doué des qualités du cœur et de l'esprit, bon pein-
tre, excellent musicien, il faisait fort agréablement des vers français. Un
jour, je lui racontais que sur les bords de la Dwina, aux environs de
Dunabourg, j'étais entré dans un délicieux château construit à l'italienne
qui annonçait l'habitation d'un homme de goût, d'un ami des arts. M.
de Lougni me demanda si par hasard je n'y avais pas rencontré un vieux

serviteur. En effet, répondis-je, j'y ai trouvé un vieux domestique d'origine française qui me fit voir, avec une tristesse que je partageais bien avec lui, l'état déplorable où des misérables, indignes de porter l'uniforme, avaient réduit cette charmante demeure. C'étaient des tableaux de maîtres, des tableaux de famille, percés de coups de baïonnettes ; un fort beau piano allemand défoncé et les touches brisées, éparses sur le parquet ; une bibliothèque d'auteurs français, dont les volumes de format in-32, richement reliés et dorés sur tranche, étaient salis, déchirés et répandus dans les appartements, les cours et les jardins; c'étaient des serres spacieuses, renfermant les plantes exotiques les plus rares, pillées, dévastées. C'était enfin dans la partie la plus sombre d'un bois attenant aux jardins, un petit pavillon élégant, de construction moderne, meublé avec luxe, dont les glaces, les tentures, les tableaux, brisés, lacérés, étaient jetés çà et là aux alentours. Au-dessus de la porte d'entrée, on lisait quatre vers français que j'avais retenu longtemps et que je cherchais à me rappeler pour les réciter à M. de Lougni, qui jusque-là m'avait prêté toute son attention, lorsqu'il se leva tout à coup, passa dans une pièce voisine et m'en rapporta bientôt un album ouvert, dans lequel je lus les vers suivants :

De ce riant séjour, de cet aimable ombrage

Admirez les charmes secrets.

Infortunés, retrouvez-y la paix,

Heureux, soyez-le davantage.

Qu'on juge de ma surprise à la vue de ce quatrain, que je reconnus pour être celui que j'avais lu dans le pavillon.

M. de Lougni, que j'interrogeais du regard et qui riait de mon étonnement, m'apprit que ce château appartenait à un de ses parents, chez lequel il allait chaque année passer quelques jours, et qu'il était l'auteur des vers francais qui décoraient cette habitation. (1)

XX.

Après avoir quitté ces dignes officiers, nous nous acheminâmes tristement Kaiser et moi, vers notre prison. Notre cœur était serré à l'idée d'aller nous ensevelir de nouveau dans ce sépulcre d'affamés.

Peut-être eussions-nous pu, à l'exemple de Carpon, échapper à la surveillance de notre soldat ; mais il fallait manquer à notre promesse, compromettre cet homme, qui s'était plié à toutes nos volontés. Il eût fallu trouver un asyle et nous ne connaissions personne. Nul Polonais ne pouvait nous recevoir, sans s'exposer, lui et sa famille, aux plus grands périls ; et d'ailleurs ne devions-nous pas entrer au plutôt dans des hopitaux préparés pour nous ; dès lors nous n'hésitâmes plus, nous gravîmes les dégrés de notre prison, et après avoir récompensé notre sauvegarde, nous allions pénétrer dans nos chambres, quand, suffoqués par l'odeur infecte qui s'en exhalait, nous reculâmes de quelques pas ; mais le chef du poste qui se trouvait derrière nous, nous contraignit d'entrer vivement

---

(1) Qu'on me pardonne cette digression au souvenir d'un homme qui fut mon bienfaiteur et m'honora de son amitié.

et referma la porte aussitôt pour se soustraire à ces émanations fétides.

Nous conjurâmes nos malheureux compagnons d'aérer nos chambres pendant quelques minutes seulement ; nous cherchâmes à leur faire comprendre qu'il n'y avait plus d'air respirable et qu'il était impossible d'y demeurer plus longtemps, sans s'exposer aux dangers de l'asphyxie, mais tous nos efforts furent vains, on se révolta à l'idée de s'exposer au froid mortel de la température extérieure.

Il nous fallut donc supporter encore le tourment de vivre au milieu de cette atmosphère empoisonnée.

Nous retournâmes à nos places, consternés de tant d'obstination et d'aveuglement, et convaincus des suites funestes qui devaient en résulter pour nous.

A peine étions nous assis qu'on s'informa de toutes parts si nous n'avions point appris quelques nouvelles relatives aux prisonniers. Oui, certes, nous en avons appris, s'écria Kaiser avec force, et d'excellentes encore, mais vous ne saurez rien, absolument rien, que vous n'ayez consenti à renouveler l'air, qui est tellement corrompu, qu'à peine de retour parmi vous, je me sens déjà indisposé (hélas, ce n'était que trop vrai).

Eh bien ! le croira-t-on, ces hommes qui avaient résisté à nos prières, quand il ne s'était agi que de leur conservation, quand on ne leur avait mis en perspective que la crainte de la mort, cédèrent sans peine à un simple sentiment de curiosité.

Kaiser s'empressa d'ouvrir deux fenêtres correspondantes, pendant que je leur racontais notre entrevue avec les officiers russes, l'intérêt qu'ils nous avaient manifesté et surtout l'assurance qu'ils nous avaient donnée, que des hôpitaux étaient disposés pour recevoir incessamment les prisonniers. Cette nouvelle qui, quelques jours auparavant, les eût comblé de joie, fut reçue avec une sorte d'indifférence. Il semblait que ces malheureux pressentaient que, quelque rapproché que fût le terme de la délivrance, il serait encore trop éloigné pour eux.

Le soir, je m'endormis moins triste que d'habitude. Pour la première fois depuis un mois, j'avais pu assouvir complètement ma faim. Je possédais pour deux à trois jours de vivres et pardessus tout je touchais au terme de mes souffrances. Un doux espoir était rentré dans mon âme. Je dirais presque que j'étais heureux, puisqu'il y a un bonheur relatif pour le misérable. Mais hélas ! cette douce quiétude devait bientôt s'évanouir.

Dans la nuit, Kaiser fut atteint d'un violent accès de fièvre pernicieuse. Le malheureux ne se méprit pas sur la gravité de cette affection. Mon ami, me dit-il, puisque nous n'avons pas de quinquina à opposer à cette redoutable maladie, au deuxième accès qui va survenir indubitablement, tout sera fini pour moi. Adieu, acceptez cette trousse d'argent, qui me rappellera quelquefois à votre souvenir, et si le hasard vous conduit à Metz, dites à ma femme et à mes enfants que pour eux furent mes derniers vœux, ma dernière pensée.

J'étais désolé de ne pouvoir offrir à cet excellent homme que quelques boules de neige pour appaiser sa soif et des consolations bien stériles dans l'état déplorable où il se trouvait.

Kaiser succomba au deuxième accès de sa fièvre, comme il l'avait prédit, et vint ajouter encore au grand nombre de victimes dont nous étions entourés.

Cette mort si prompte, si inattendue d'un homme auquel j'avais voué une sincère affection, qui avait été si bon pour moi et qui venait de me rendre un service signalé, m'affligea profondément. C'était un nouveau chagrin ajouté à tant d'autres, qui se succédaient sans interruption, et pourtant n'étais-je pas déjà assez cruellement éprouvé?

XXI

Notre chambrée était arrivée à un état de misère indescriptible. Nous croupissions dans la malpropreté, remplis d'une vermine immonde qui ne nous laissait ni trève, ni repos ; nos jcurs se passaient à la détruire et à nous déchirer la peau, pour calmer des démangeaisons insupportables qui se renouvelaient sans cesse, en sorte que nos corps ensanglantés étaient couverts de plaies. dont, aujourd'hui, après plus de quarante-six ans, je conserve encore les cicatrices indélébiles. Nos visages décharnés, nos teints cadavereux et noircis par la fumée des bivouacs, nos barbes longues, nos cheveux en désordre, notre air farouche, hébété, les lambeaux de vêtements sordides dont nous étions couverts, tout contribuait à nous donner un aspect hideux et repoussant. Le froid, qui était devenu plus vif à raison de notre petit nombre, nous contraignait à nous couvrir des dépouilles de nos morts et à nous serrer les uns contre les autres pour ne point succomber à ses atteintes funestes. Ainsi réunis, nous semblions un groupe de mendiants déguenillés et faméliques, et présentions le tableau le plus frappant de toutes les misères humaines.

Ce n'était pas tout encore, à tant de souffrances vint se joindre un nouveau tourment qui mit le comble à l'horreur de notre situation.

Quelques officiers, fortement trempés, dont les corps robustes avaient résisté jusque-là à tant et de si rudes épreuves, et qui, au moyen de l'or qu'ils avaient sauvé, s'étaient procurés quelques vivres des soldals préposés à notre garde, virent, dans ces derniers jours, leur résignation disparaître et leur raison faiblir ; ils préludèrent par des gémissements et des cris qui se changèrent bientôt en vociférations ; ils s'agitaient et gesticulaient sans cesse, prêts à se jeter sur nous, qu'ils regardaient comme des ennemis, ou sur notre garde, dont nous implorions pour eux l'indulgence et la pitié. Nous devions les surveiller jour et nuit pour nous préserver de leurs violences. Riant, chantaut, pleurant tour à tour, ces pauvres insensés appelaient, défiaient la mort, imitaient le râle des agonisants et chantaient des Libera à ceux qui venaient d'exhaler leur dernier soupir.

Nous passâmes ainsi quelques jours dans des transes continuelles, auxquelles la mort, qui frappait alors sur nous à coups redoublés, vint seule mettre un terme.

XXII.

J'ai déjà dit que j'étais rentré dans la prison avec quelques morceaux de biscuit, en y ajoutant ce que j'avais trouvé dans les vêtements de Kaiser, je pus me soutenir jusqu'au trente-cinquième jour de notre réclusion. Mais combien mes rations avaient été faibles, et mes repas légers ; il me fallut un courage vraiment stoïque, pour ne pas dévorer en une seule séance ce qui faisait ma nourriture de trois à quatre repas.

Le trente-sixième jour je me trouvai sans ressources aucunes, il ne me restait plus un atôme de biscuit. La veille au soir. j'avais recherché avec un soin extrême, dans mes vêtements et dans ceux de Kaiser jusqu'aux moindres miettcs ; je me voyais donc réduit à n'espérer que dans le secours de la Providence. L'état de dépérissement dans lequel j'étais tombé, la faiblesse excessive que j'éprouvais, me disaient assez que le terme de tant de maux ne pouvait être éloigné ; dès lors je pris mon parti et je fis mes dispositions en conséquence. Le coucher sur la dure était devenu pour moi un supplice intolérable ; à l'exemple de plusieurs officiers, je mis côte à côte deux cadavres sur lesquels je répandis à profusion de vieilles hardes, dont nos chambres étaient remplies, et je m'étendis sur cette funèbre couche, où malgré l'horreur d'une telle situation, malgré la répugnance extrême que j'avais éprouvée dans le premier moment, je trouvai un véritable soulagement à mes souffrances.

Dans cette cruelle journée, je ressentis plus vivement encore que je ne l'avais fait jusqu'alors le tourment de la faim. Fougère moins affaibli que moi, me prodiguait des consolations, me faisait entrevoir le moment prochain de notre délivrance ; mais tout espoir me semblait perdu, je ne l'entendais plus et je repoussais les soins et les attentions de cet excellent homme. La nuit fut sans sommeil, si je m'assoupissais un instant, j'étais aussitôt réveillé par des tiraillements d'estomac, de l'anxiété, de la douleur ; j'attendais le jour avec une impatience fébrile, il parut enfin.

C'était le trente-septième. Ma faim devint tellement impérieuse, que des plaintes, des gémissements, des cris douloureux s'échappaient de ma poitrine ; la fièvre s'empara de moi, la soif devint intense, j'éprouvais une lassitude générale ; mes forces diminuaient d'heure en heure, ma tête s'affaiblissait. Malgré tout mon regret de quitter la vie à vingt ans, loin des miens et de mon pays, j'appelais la mort, je l'implorais comme un bienfait. La nuit fut horrible, je la passai sans sommeil à faire fondre dans ma bouche des morceaux de glace pour apaiser la soif ardente qui me dévorait ; une agitation continuelle, un froid intense et de vives douleurs d'entrailles me firent cruellement souffrir.

Le trente-huitième jour, ma faiblesse avait considérablement augmenté, mes idées étaient moins nettes, mes sensations moins vives, la faim moins impérieuse. J'étais tombé dans un état de torpeur et d'engourdissement que je supportais avec assez de patience ; néanmoins je sentais de temps en temps mon cœur défaillir, et ma tête s'égarer, lorsque tout-à-coup notre porte s'ouvrit avec fracas.

Un officier russe, suivi de deux soldats, entra en s'écriant : Messieurs les Français, levez-vous pour me suivre au couvent des Augustins, où tout est préparé pour vous recevoir. Comme personne ne répondait à son injonction, il s'approcha de quelques morts qu'il poussa du pied. Monsieur l'officier, lui dit le capitaine Ouvrard, vous êtes venu trop tard pour eux.

En effet sur quatre-vingt-quatre prisonniers, qui depuis trente-cinq jours étaient entrés dans cette prison, trois officiers, trois seulement trouvèrent encore assez de force pour se rendre aux Augustins ; soixante-douze avaient succombé, huit restaient dans une situation désespérée ; on a vu plus haut à quel état déplorable j'étais réduit moi-même.

Le nom de ces trois hommes si miraculeusement sauvés, je ne l'oublierai jamais. C'était le pharmacien principal Ramonet, inspecteur des hôpitaux militaires des côtes de la Manche, vieillard sexagénaire, d'une constitution faible et délicate, qui sur la promesse qu'on lui avait faite d'obtenir la décoration, après la campagne, n'avait pas craint de quitter une épouse, une fille chérie et une fortune honorable, pour s'exposer aux dangers de cette guerre lointaine.

C'était le capitaine Ouvrard, officier de la Légion-d'Honneur, vieux brave, qui avait perdu la cuisse à la bataille de la Moskowa ; franc, loyal, d'une gaieté inaltérable, vrai type du soldat français, il fut fait prisonnier sur la place d'Armes de Wilna, par des Cosaques auxquels il voulait encore opposer de la résistance, en se défendant avec ses béquilles, mais renversé sur la neige, ils lui arrachèrent son bandage pour y chercher de l'or et lorsqu'ils se virent frustrés dans leur espoir, ces monstres le frappèrent impitoyablement sur son moignon ; malgré le sang qui coulait en abondance, ils s'acharnaient sur leur victime, quand, attirés par ses cris perçants, quelques braves polonais indignés de tant de barbarie, vinrent au secours du malheureux Ouvrard et mirent en fuite ces lâches scélérats.

C'était enfin un directeur des hôpitaux, Fougère, dont la santé robuste n'avait subi qu'une altération assez légère au milieu de tant d'épreuves. Bon, sensible, serviable, cet homme excellent était constamment occupé à prévenir les besoins de tous et à leur prodiguer des consolations ; il allait plusieurs fois le jour, malgré la rigueur excessive de la température, chercher sur la plate-forme, des boules de neige qu'il distribuait à ceux qui en avaient besoin ; il descendait aux soins les plus abjects, les plus dégoûtants, pour nous préserver d'émanations fétides, qui auraient encore ajouté à tant d'autres causes de destruction, au milieu desquelles nous étions plongés ; il dépouillait les morts pour revêtir ceux des prisonniers, dont quelques lambeaux d'étoffe ou de vêtement couvraient à peine la nudité et qui pendant la nuit, succombaient sous un froid de 25 à 30 degrés, fatiguaient la chambrée de leurs plaintes et de leurs doléances ; en un mot Fougère fut l'ange consolateur, la providence de notre prison.

Après ces trois hommes, j'étais le seul qui, avec quelque soutien, aurait pu, peut-être gagner l'hôpital des Augustins, qui n'était pas fort éloigné , mais je me sentais impuissant à me mettre sur les jambes, et je ne pouvais m'adresser à mes compagnons qui eux-mêmes devaient craindre de ne pouvoir arriver à leur destination. Je pris donc le parti d'avoir recours à l'officier russe et de le prier d'enjoindre à ses soldats de me prêter l'appui de leurs bras. Je viens ici, me répondit-il durement, pour chercher les vivants et non les morts. Ces paroles cruelles furent pour moi un coup de foudre, je demeurai anéanti ; c'était mon arrêt de mort que je venais d'entendre.

Fougère qui s'aperçut de l'impression douloureuse que j'avais éprouvée, s'approcha de moi et saisissant une de mes mains : Rassurez-vous, me dit-il, vous me connaissez, je jure que demain à midi vous ne serez plus ici ; prenez ce petit sac et consolez-vous. Au même instant il partit pour rejoindre MM. Ramonet et Ouvrard qui suivaient l'officier russe.

Je m'empressai d'ouvrir le sac et quel ne fut pas mon étonnement et ma joie en le voyant rempli de menus morceaux de biscuit, de pain, de chocolat et de sucre. J'oubliai bientôt le départ de mes amis, la peine que j'eusse dû éprouver à me séparer d'eux, le cruel isolement dans lequel j'allais me trouver, j'oubliai tout en un mot, pour me livrer entièrement au bonheur inexprimable d'apaiser la faim qui me torturait depuis si longtemps ; je me jetai sur ces restes que je dévorai avec une incroyable avidité, et quoique la ration fut assez copieuse, je ne m'arrêtai qu'après avoir complétement vidé le sac.

XXIII.

Après ce repas qui avait ranimé mes forces et que j'avais trouvé si délicieux, les réflexions surgirent en foule dans mon esprit : je me demandai si je pouvais compter sur la promesse de Fougère, s'il serait libre de l'accomplir, ou si dominé par ce sentiment d'égoïsme si commun alors, heureux et libre, il voudrait faire quelques efforts, s'exposer peut-être à quelque danger pour tenter ma délivrance? L'état de marasme, de faiblesse extrême, désespéré en quelque sorte, dans lequel il m'avait laissé, ne serait-il point une excuse suffisante à ses yeux, pour m'abandonner ? Avec la nuit mes pensées s'assombrirent encore; je sentis toute l'étendue de ma misère, toute l'horreur de ma situation ; seul, abandonné, sans secours, au milieu de morts et de mourants, dont le râlement et l'agitation troublaient seul le silence de la nuit, une profonde tristesse, un sombre désespoir s'emparèrent de moi, je dis adieu à mes parents, à mes amis, à tout ce que j'avais aimé sur la terre. A ces pensées sinistres, à ces cruelles souffrances vinrent s'ajouter encore des frayeurs insurmontables que je n'avais point encore éprouvées ; il me semblait que les mourants se rapprochaient de moi, qu'ils râlaient à mes oreilles, qu'ils cherchaient à me saisir ; mon cœur battait avec violence, ma poitrine était oppressée, je tremblais de tous mes membres. Cet état horrible se prolongea une partie de la nuit.

Enfin après ce long supplice, une idée consolatrice surgit tout-à-coup dans mon esprit et vint changer le cours de mes pensées : Eh ! pourquoi, me dis-je, m'abandonner ainsi? Pourquoi compter sur des hommes qui n'ont point moins souffert que moi ? Pourquoi, par un effort suprême, ne pas tenter moi-même ma délivrance? Le repas d'hier n'a-t-il pas quelque peu ranimé mes forces ? Dès-lors je repris courage, je me sentis consolé et je dressai mon plan pour le lendemain.

Je devais attendre Fougère jusqu'à une heure et s'il ne se présentait pas, après avoir entouré mes mains de mouchoirs, pour les soustraire à la congélation, je me serais traîné sur les pieds, sur les mains jusque dans la rue, où j'aurais imploré la pitié du premier passant pour me tendre une main secourable et me conduire aux Augustins.

Ce projet chimérique, dans l'état où j'étais, suffit néanmoins pour faire succéder le calme à tant d'émotions et me faire goûter quelques instants de repos.

Avec le jour, l'espoir sembla renaître dans mon âme, je me reportais à la promesse de Fougère ; je voyais sa figure ouverte, tout empreinte de bonté et de franchise ; je me rappelais son émotion après les paroles cruelles de l'officier russe ; je lisais encore sur ses traits animés par l'expression du dévouement, la sincérité de son affection et la loyauté de son serment, et je me disais : *il viendra*.

XXIV.

Dix heures venaient de sonner ; il m'en restait encore deux mortelles que je devais compter minute par minute. Malgré l'agitation de la nuit, je me sentais moins abattu que la veille. Mon dernier repas avait ranimé mon courage. J'étais plus fort, plus résolu. Je prêtais l'oreille pour entendre ce qui se passait à l'extérieur. Le moindre frôlement m'agitait, le plus léger bruit me faisait battre le cœur ; les yeux constamment fixés sur la porte, j'espérais toujours qu'elle allait s'ouvrir pour livrer passage à mon libérateur.

A onze heures, une vague impatience commença à s'emparer de moi. A cet état succéda une inquiétude fébrile, qui me causa une agitation, un tremblement pénibles, et je dus pour y mettre un terme, m'occuper à envelopper avec les chiffons qui se trouvaient à ma portée, et mes mains et ma tête devenue chauve.

A peine avais-je terminé, qu'un bruit confus d'abord parvint jusqu'à moi. J'écoutai attentivement, et bientôt j'entendis des pas distincts dans l'escalier. Aussitôt la porte s'ouvrit, et j'aperçus mes deux excellents amis, Carpon, auquel j'avais sauvé la vie huit jours auparavant, et Fougère, l'un tenant un pain blanc à la main, et l'autre portant un morceau de viande grillée, qu'ils me présentèrent dès leur entrée.

Non, l'on ne meurt pas de joie et de bonheur. Dire tous les sentiments qui m'agitèrent, à la vue de mes sauveurs, la plume serait impuissante à les rendre. J'aurais voulu m'élancer vers eux, les presser sur mon cœur ; j'aurais voulu leur dire de vive voix tout ce que j'éprouvais ; mais mes forces épuisées et ma voix éteinte, m'avaient réduit à ne leur exprimer que par mes gestes, les sentiments de gratitude et de reconnaissance dont j'étais pénétré.

Je me jetai sur le pain et la viande qu'ils m'avaient apportés, et je les dévorai en quelques instants. Fougère me procura quelques boules de neige, au moyen desquelles j'apaisai la soif dont je souffrais depuis si longtemps.

Au moment de partir, Carpon tira de sa poche une petite bouteille de schnaps, dont il m'offrit la moitié, en réservant l'autre pour le cas où je me trouverais affaibli pendant mon trajet aux Augustins.

Pressé de m'éloigner, je jetai d'un côté les hardes dont j'étais couvert, et de l'autre je descendis, ou plutôt je me roulai de mes deux cadavres sur le plancher, où je fis tous mes efforts pour me dresser. Mais je ne pus y parvenir, et je dus avoir recours aux bras de mes camarades.

A peine étais-je debout que ma vue s'obscurcit, mes oreilles tintèrent, les objets tourbillonnèrent devant moi , mes genoux fléchirent , je me sentis m'évanouir. Je pus encore cependant faire promettre à mes amis de ne point m'abandonner et de me traîner mort ou vif aux Augustins. Ils cherchèrent à me rassurer et à relever mon courage. Carpon me fit avaler les quelques gorgées de schnaps qu'il avait prudemment réservées. Au même instant, je sentis mes sens se ranimer et mes forces renaître. Marchons, leur dis-je, marchons, de grâce, que je ne meure pas ici. Nous franchîmes le seuil de cette prison fatale et nous arrivâmes sur le palier. Mais là devait se présenter une nouvelle difficulté. L'escalier était tellement étroit qu'il était impossible d'y passer deux de front. Que faire ? quel parti devions-nous prendre ? Pendant que mes amis délibéraient je me sentais de plus en plus fortifié par l'air pur et vif que je respirais ; dès lors je n'hésitai pas, je saisis des deux mains la rampe à laquelle je me cramponnai de toutes mes forces ; je priai mes amis de passer devant moi pour me recevoir au besoin, et avec des efforts surhumains, je descendis à reculons les quinze à vingt marches qui conduisaient au rez-de-chaussée.

De ce moment je ne doutai plus de mon salut. J'entourai de mes bras le cou de mes sauveurs, dont la taille était en rapport avec la mienne, et grelotant de froid et brisé de fatigue, j'arrivai aux Augustins.

J'espérais y trouver les secours et les soins qui m'étaient si nécessaires, et j'étais heureux de penser que désormais je n'aurais plus sous les yeux l'horrible spectacle des corps putréfiés de nos malheureux compagnons. Mais il était dit que je ne rencontrerais toujours et partout que des cadavres. La cour spacieuse du couvent des Augustins en contenait un grand nombre que la neige couvrait comme un vaste linceul ; le puits qui se trouvait au centre en était rempli jusqu'à la margelle et auprès de la chambre que je devais occuper avec mes camarades, les Russes en enlevaient des masses, entassés sous des hangars.

Après avoir traversé la cour, j'étais arrivé jusqu'au pied de l'escalier de notre appartement ; mais mes forces épuisées ne me permirent point de le gravir, et mes amis, fatigués eux-mêmes, durent avoir recours au bras d'un robuste polonais, au service de Carpon, qui m'enleva lestement et me déposa dans la chambre commune.

XXV.

Ah combien mon sort était changé ! combien je me trouvais heureux ! Entouré de mes bons, de mes excellents amis, je fus placé dans l'angle d'une chambre vaste, bien aérée, sur une paille abondante et fraîche ; en face de moi était un grand poêle ouvert dans lequel pétillait un feu vif, ardent, qui entretenait une douce température, trop élevée d'abord pour moi, mais à laquelle il me fut si facile de m'accoutumer. Dans le milieu de la chambre, le pharmacien-major de l'hôpital agitait, pour le refroidir, un potage au pain blanc, dont l'odeur m'alléchait singulièrement et que je dévorais des yeux. Je le croyais destiné à ce malheureux, dont la santé paraissait profondément altérée et qui, en effet, n'avait plus que quelques jours à vivre, lorsque je le vis se diriger vers moi et me l'offrir avec une bonté parfaite. Aussitôt je saisis le vase avec avidité et j'avalai d'un trait le bouillon avec une indicible sensation de bien-être.

Accablé par tant d'émotions, exténué de fatigue, un sommeil irrésistible s'empara de moi. Je m'y abandonnai d'autant plus volontiers, que pour la première fois, depuis longtemps, j'éprouvais un bonheur réel. Mais à peine en avais-je goûté les prémices que je fus tout à coup réveillé par des secousses violentes ; j'ouvris les yeux et j'aperçus au-dessus de moi un officier russe qui me poussait rudement du pied ; près de lui mes amis, et derrière eux, deux à trois infirmiers. Eh bien, me dit Carpon, comment vous trouvez-vous ?—Bien, très-bien, oh je suis sauvé. L'officier hocha la tête, en signe d'incrédulité, et passa dans la pièce voisine. Cet homme était chargé de faire enlever les cadavres, au nombre desquels il me comptait déjà, et sans les prières instantes de mes camarades, il m'eût infailliblement fait précipiter par les fenêtres, avec tant d'autres que la mort, moins impitoyable que lui, eût épargnés peut-être.

Le soir de mon arrivée, je reçus, sur la recommandation de Carpon, ma patente de chirurgien à l'hôpital des Augustins, et de ce jour date, sinon la fin de mes malheurs, au moins le terme de mes plus rudes épreuves.

* 9 7 8 2 0 1 1 7 8 4 2 6 1 *